子どもの悲しみとトラウマ

津波被害後に行われたグループによる支援活動

BRIS＋モニカ・ホルム編
谷沢英夫訳
平田修三解説

新評論

津波を体験した
子どもたちが描いた絵

プーケットを思い出して子どもが描いた

「悲しみとは」39ページ参照

「一番恋しくなるとき……」48ページ参照

「誰にも言えないこと」44 ページ参照

– Jag drömmer ofta mardrömmar om det som hände. Att jag är i vågen igen, under vattnet och all sand. Så när jag vaknar känns det så skönt att vara hemma, tills jag tänker på pappa, då blir jag ledsen igen, han är ju liksom kvar.

僕は、あの出来事の悪夢を見る。また大波が襲いかかり、海水と砂の中に巻き込まれてしまうんだ。

それで目が覚めて、家にいることが分かると安心するんだ。

でも、パパのことを考えるとまた悲しくなるんだ。パパはまだあそこに残っているから。

Inte jobbigt och
Inte jätte sorgset.
「一周忌を前にして」108 ページ参照

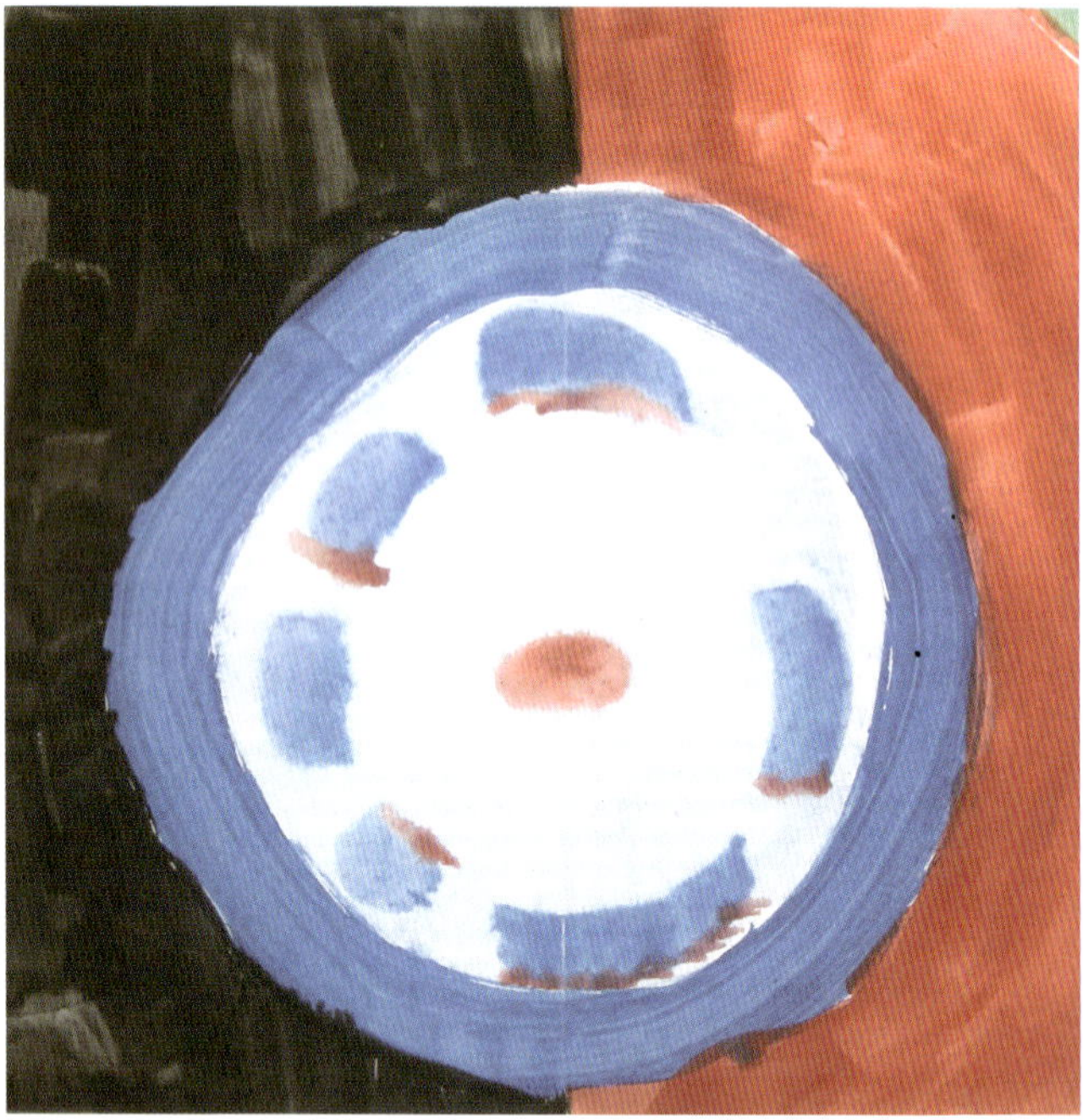
「反応」160 ページ参照

日本のみなさんへ

　この数十年間を振り返ってみますと、世界の人々はさまざまな自然災害や紛争、そしてテロといった悲惨な出来事に遭遇してきました。このようなことが人々に不安を抱かせ、心を傷つけやすくなっています。また、世界中の人々が容易に移動ができるようになったことで、他国で生じる災難に巻き込まれる確率も高くなりました。二〇〇四年一二月に起きたスマトラ島沖大地震による大津波で、多くのスウェーデン人が命を落としたのものその一例です。

　このときスウェーデンでは、長期にわたって被災者の家族に襲いかかるであろう精神的な危機を支えるために、数多くのボランテア組織が立ち上がりました。

グループのリーダー、ソフィア・グルンキビスト氏からのメッセージ
（撮影：Peter Knutson）

　私たちＢＲＩＳ（三ページの注を参照）のスタッフは、人々が抱えている心の悩みや危機な状況に対してどのように対処し、支えていくかということについて、長い経験と十分な知識を備え

ており ます。そして、活動の中心となっているのが、悩みを抱える子どもたちやその家族に接することです。

衝撃的な体験をした人々が、その後の長い人生において、慢性的かつトラウマ的な精神症状に発展するという危険性をもっていることはよく知られております。このような人々への適切な心のケアが短期的にも長期的にも必要であり、それを怠ると、将来的にも健全な精神状態が損なわれることになるのです。とくに子どもは、その危険性が高くなります。

惨事を経験した多くの人々にとっては、身近な人たちによる支えがもっとも大切となります。また、さまざまな方法による社会的な支えによって受難者を心の危機から救い出し、立ち直らせていくことが可能となります。多くの研究結果が示しているように、身近な人たちの支えと社会的な支えによって、受難者の心身状態は大きく変わっていくのです。社会的な支えが十分に配慮されたものであれば、受難者の将来が明るくなり、身体的にも健康な生活を送ることができるのです。

本書で描かれているグループによる支援活動も社会的な支援の一つであり、同じような体験や経験をした人たちが一つの場に集まり、彼らが「みんなと同じ」という気持ちになることを目標にしています。

悲惨な経験や体験をした人たちは、同じまたは似たようなことを経験・体験したほかの人たちと混じり合って、お互いにそれを確認し合い、気持ちを分かち合うことを求めています。このような気持ちは、大人だけでなく子どもも同じです。

グループによる支援活動では、ほかの人たちの思いを互いに聴き、考えを分かち合うことで、最終的には自分自身の思考を築いていくことを目標としています。グループで会話をすることで自らの思いや考えが言葉として表現できるようになり、それを日常生活に融合させてゆくのです。思いを言葉にすることによって、ほかの人たちとの共通点や違いが分かり、問題を処理するためのヒントが得られるのです。

グループによる支援活動で設定するテーマと方法は、トラウマに対応するもの、つまり感情を抑え、自制心を強めることを目標にしている点でよく似ています。たとえば、自分の置かれた状況を的確に確認し、出来事に関連する感情をコントロールするといった訓練をするのです。

知らない人たちと一定時間ともに過ごすことで孤独感が小さくなり、自らが抱えているトラウマ的な問題に向かうようになり、自らをコントロールするようになっていくのです。つまり、諸問題に取り組む気持ちが強化され、トラウマ的な悩みが減少するという効果が見られるようになるのです。グループによる支援活動では、いやな記憶に向かい合うことができる練習と、自助方法やリラックスのテクニックを学ぶことになります。

このグループのリーダーは、トラウマ的な出来事に関する一般的な因果関係や知識を参加者に伝え、どのようなサポートの方法があるのかを説明します。お互いに助け合うというグループによる支援活動は、対立的な方法を取らないという点で多くの参加者に喜ばれています。参加者一人ひとりが、参加回数や支援レベルの内容を自分で決めています。人によってその度合が違うだけでなく、支援の受け入れ方が違うためにケアやサポートの仕方も変わってくるからです。

スウェーデンでは、グループによる支援活動が、さまざまな受難に遭遇した子どもたちや青少年たちをケアする重要な方法として採用されています。本書で紹介した段階的なケアの方法は、惨事を体験した人びとへの対応策として広く認められているものです。心のケアを行っているグループによる支援活動はＢＲＩＳの代表的な活動の一つでありますが、そのほかにも、これらの活動や子どもたちや青少年少女に携わるケアリーダーの養成にも努めており、これからも起こるであろう被災事に備えています。

このたび、これらの活動記録をまとめた本書が日本語に翻訳されることで、二〇一一年三月一一日に襲った地震、そしてそれによって発生した大津波に遭遇した子どもたちの心のケアにおいて参考になることを願っております。また、子どもに携わる仕事をしている人びとが、この方法を刺激的で興味深いものと受け止めていただき、日本でも発展していくことを期待しています。

二〇一四年　四月

日本における悲しみとトラウマ――本書の解説にかえて

（平田修三）

本書は『Barn och Unga i sorg och Trauma』の全訳であり、二〇〇四年に起こったスマトラ沖地震による津波で、親などの身内を亡くした子どもたちを対象とした、一つの支援活動の様子を克明に報告したものである。

そんな本書に掲載する「解説文」を依頼されたのだが、まず最初に私の個人的な体験から話をはじめることをお許しいただきたい。というのも、私が本書に出合ったこと自体、極めて個人的なやり取りがはじまりとしてあり、本書の受け取り方にも、東日本大震災（二〇一一年三月一一日）による避難家族の支援・調査活動を行ってきた自らの体験が、強く影響を与えていると感じるからである。

東日本大震災被災者・避難者と支援者――隔たり・語りにくさの感覚

本書の翻訳者である谷沢英夫氏は、大学で出会った四〇歳も歳の離れた友人で、普段はスウェーデンで家族とともに暮らされている。谷沢氏は東日本震災の報道を見て、日本で被災した子どもが数多く発生しているにもかかわらず、現場でのケアの仕方に戸惑いがあるらしいという情報を得て、心を痛め、もどかしい気持ちを抱いていた。

そんな折、地震で悲惨な体験をした子どものケアについて書かれた本書を見つけて一読し、感銘を受けたという。それで、日本で支援活動をしている人たちの役に立つのではないかという思いから、スウェーデン語で書かれた本書を翻訳された。しかし、その一方で、果たして本書が日本の現状を踏まえて意義のあるものなのかどうか確信がもてなかったそうだ。そこで、実際に震災避難家族の調査・支援活動を行っている私に翻訳原稿を送り、「率直な感想が欲しいのです」と意見を求めてきた。

ここで、少しだけ私自身の背景を紹介しておくと、私は大学で発達心理学の研究室に所属し、里子や施設の子どもたちなど、生まれた家族から離れて暮らす子どもたちの支援にかかわることを主なテーマとして研究活動を行ってきた。東日本大震災が起きたとき、このような専門性をもつ者として、そして、たまたま震災で大きな被害を受けなかった者として、何か自分にできることはないかと自問することになった。

ちょうどそのとき、指導教員から研究室の院生全員に、私が自問したことと同じような投げ掛けがあった。と同時に、卒業生の一人から、身近に福島県から関東に自主避難した家族がいくつかあり、避難してもなおさまざまな困難に直面しているという情報が入ってきた。そこで私たちは、まずその家族に対して何かお手伝いできることはないかという思いを最初のきっかけとして、震災避難家族の支援・研究活動を開始することにした。

それ以来、決して大規模なものではないが、避難家族の声を丁寧に聴き取りながら、自分たちにできることを行い、家族が直面していることを社会に伝えるような活動を続けてきた。しかし、活動をはじめてすぐに、家族との間にある種の「隔たり」のようなものを感じることとなった。

前述したように、私が震災で大きな被害を受けなかったのはたまたまである。震災地の報道を見ながら、自分がそうなっていたかもしれない可能性を想像し続けていた。そのためか、避難家族と接するときはいつも、申し訳なさや罪悪感のようなものを感じていた。

一方、避難家族の方も「申し訳なさ」を感じておられたようだ。二〇一一年の六月頃、初めて避難家族を訪問して、それぞれの話を聴き終えたあとに私は、「たとえば、こんなお手伝いとかあったらいいのに、とか思っていることはありますか？」という質問をした。その問い掛けに対して、次のようなひと言を返してきた母親がいる。

「今は逆に、お手伝いをしてほしいというより……。（中略）私も逃げてきてしまった立場で、どこかうしろめたいと思っているので……（中略）自分も支援できる立場に早くなりたいっていうか……」

はっとした。私もその母親も、両方が「支援者―被支援者」という立ち位置で対話をすることに違和感を覚えていたのだ。にもかかわらず、私自身、「被支援者役割」を押しつけることから脱しきれていなかったことに気付かされたのである。このような状況下で、これから関係性を築いていくことを互いに引き受けるという困難さ、それが、私が「隔たり」を感じたことの第一の理由である。

もう一つの理由は、被災者（避難者）が自らの体験を語ることの「語りにくさ」という感覚である。それが生じる背景をひと言で表現するのは難しいが、まず言えることは、被災者（避難者）が個々人の体験を言葉にすること自体が難しいということである。まさに、言葉を失ったような感覚に陥る人も少なくなかったはずである。

突然、自分たちを襲ったマグニチュード9.0の揺れや、そこで見た光景、大事な人たちや故郷を喪失したという事実、このような体験自体について、そして、そのことの意味や自らの感情といったものはすぐに言語化できるものではないだろう。また、「語りにくさ」には、津波被害の有無、放射線被爆量の地域差、補償金の多寡、自立の見通しが立っているかどうかなど、被災者間での「格差」とも呼べるべきものが次第に顕在化しはじめたことがそれに拍車をかけたということもある。

平等性や連帯の感覚が薄れていくなかで、自らの体験を語ることはますます難しくなっていく。さらに、世間のみならず被災者同士でも、「頑張ろう」という機運が高まるなかでは悲痛さを含んだ個人の語りは封じられていく。あるいは、方言の問題もあるかもしれない。震災以降、関東では避難者による交流会がいくつも組織されたが、そこに参加する動機として、「地元の言葉で安心して話せる場が欲しい」という声もあった。逆に言えば、関東地方に避難した場合、自分たちの言葉で語り合える場がほとんどないということである。

以上のような「語りにくさ」を感知したとき、同時に私は「語られるべきこと」の存在をありありと感じることになった。「語られるべきこと」は、被災者（避難者）その人自身のあり方に強くかかわっている。そしておそらく、「語り直し」という動機とそれは深く結び付いている。

臨床哲学者の鷲田清一が、『語りきれないこと——危機と痛みの哲学』（角川学芸出版、二〇一二年）という本の中で次のように述べている。

「家族、友人、職場、地域……。このたびの大震災で、みずからの存在のコアとなっている幾多のものを失った人たちは、いやでも『人生』の語りなおしを迫られ」る。「わたしたちは誰しもが、わたしはこういう人間だという、じぶんで納得できるストーリーでみずからを組み立てている」る。人生というのは、そうしたストーリーを「じぶんに向けてたえず語り続け、語りなおしていくプロセスだと言える。途中でひどいダメージを受けてそれまでのストーリーが壊れるということは、人生には一度ならずある」。そして、「深いダメージとしてのその事実を組み込んだじぶんについての語りを、悪戦苦闘しながら模索して、語りなおしへとなんとか着地する。そうすることで、じぶんについての更新された語りを手にしていく」。

ここで意識しておくべきことは、「語り」は個人で完結する営みではないということである。「語り」とは、語り手と聴き手の相互作用によって、またその場の状況的文脈によって、その都度成立する共同的な営みである。経験的に熟知されているように、私たちが自分という存在のコアに深くかかわることについて語り出すことができるのは、聴き手や環境の条件が整っているときだけである。

そして、訥々《とつとつ》ながらも、それまで語りえなかったものが語り出せたとき、語り直すことができたとき、私たちは少し前に進むことができる。それとは逆に、語り出そうとするときに、言葉をさえぎられたり、安易な表現で何かを押しつけられたり、励まされたりすると、深く傷ついてしまう。

このようなことを踏まえたとき、「語りにくさ」や「隔たり」があることを認めたうえで、それでもなおコミュニケーションを図り、語り合い、寄り添うためにはどうすればよいのか、またどのような身構えで「支援」に臨めばよいのか。それはある意味では、支援の中身を考えることよりも大切なことではないのか、といったことを考えていたときに出合ったのが本書であった。

本書の構成の特徴

専門書を読むとき、私はまず「目次」を熟読することからはじめている。著者による論の組み立てや、戦略にある程度あたりをつけるためである。本書についても同じことをしていたら、特徴的な点があることに気が付いた。本書は四部構成になっており、第Ⅰ部：悲しみ（トラウマグループ）［活動の実践の様子］、第Ⅱ部：グループによる活動に参加したい私の理由［活動の理論的背景・手順・方法］、第Ⅲ部：悲しみは一つの車輪［喪失・悲嘆体験に対する子どもの反応についての一般的知見］第Ⅳ部：附録、の順となっている。つまり、「実践編」→「理論編」の順番になっているのである。

一般に、こうした種類の本では、どちらかというと逆の順番で書かれることが多いのではないだろうか。すなわち、読者にまず理論的な背景を理解させたうえで、それに基づく実践を検討してもらう、という順番である。

しかし、本書はそうなっていない。最初に「まえがき」という形で著者（支援者）たちの紹介と活動に至る経緯が少し紹介されているだけで、すぐさま子どもたちとの出会い（ミーティング）に話が移っている。そこから、ミーティングのプロセス、子どもたちの様子、著者（支援者）たちが考えたことなどが極めて詳細に書き込まれていくのである。

本書がこうした書き方を採用しているのは、おそらく「最初に、人と人同士の出会いがある」

ということが強く意識されているからであろう。津波被災児童と聞けば、すぐにPTSD、心のケア、フラッシュバックなど、すでに市民権を得た心理学的術語が連想されがちであるが、そうした術語は、そこにいる個人やそこでの出会いの体験を十分に説明してくれるわけではない。

筆者（支援者）たちは、個人として子どもたちと出会い、自分たちの考えを提示し、子どもたちの声を聴き、活動を開始する。そのプロセスは冷静にモニター・反省され、次のミーティングにつなげられていく。それは決して「計画通り」に進んでいくわけではなく、試行錯誤や葛藤、疲労を伴うものである。もちろん、感動を味わうこともある。ほんの一例であるが、たとえば以下のような記述が印象に残った。

・どうも、この話の流れはよくなかったようである。入り方が急すぎて、もう少し説明をする必要があったのではないかと思っている。（二四ページ）

・こんな悲しみを背負った子どもたちが、このような集まりによく参加できるものだ、と思うと胸が痛くなってくる。（二八ページ）

・子どもたちが帰ったあと、私はソファに腰を下ろした。かなりの疲れを感じたのだ。部屋の中にまだ漂っている子どもたちの感情が、私の胸の中に突き刺さっている。（三三ページ）

・このような子どもたちの様子を見て、私たちは初めに考えていた計画を変えて、子どもたちの体験と死のことを平行して作業を進めることにした。（三七ページ）

・子どもたちが書いたお互いへの励ましの言葉には胸を打たれた。今まで子どもたちが一緒にやったこと、話したこと、思ったことが、私たちリーダーの指示なしで自由に表現をしたのだ。

（一一七ページ）

こうしたことは支援実践の現場ではしばしば体験されることであり、同時に、支援において重要な側面を気付かせてくれる記述であるが、「報告」としてまとめられる際には、あまり目にする機会が多くない種類の記述でもある。本書は、こうした部分にまで誠実に提示することによって、読み手は個人としての支援者を感じ取ることができ、支援者が行ったことや感じたことを追体験することが可能となっている。

私は励まされたような気がした。私自身、ささやかな支援活動を行うなかで、やはり似たようなことを体験してきたからである。スウェーデン政府から被災児童の精神的ケアの対応を打診されるほどの実績のある専門家たちであっても、活動の際には感情が動き、試行錯誤や苦労が伴う。当然と言えば当然のことかもしれない。しかし、「隔たり」や「語りにくさ」を少しずつ埋めながらコミュニケーションを図り、寄り添うとはどういうことなのか。そして、それに伴う、どちらかといえば泥臭いプロセスまで克明に描かれているということが、同じく支援に携わる者たちにとっては励みになると思われる。

本書の解説に際して、まずこの点に触れたのは、もちろん私自身が支援活動をしているということもあるが、震災支援においては、被災者（避難者）のみならず、支援者の状態にも目を向ける必要があると感じているからである。東日本大震災の支援活動は長期戦の様相を呈してきた。そこで時折耳にする話題が「支援者のバーンアウト」である。〈河北新報〉の二〇一二年九月六日の記事によると、被災地である宮城県職員の約一割が「バーンアウト」の徴候を示したそうである。また、私が住む関東では、震災以後、多くの「交流会」が組織されたが、そこには法律問題や心理・福祉の専門家たちに加えて、非専門家や一部の避難者自身も支援者として活動に参加している。

そうした支援者たちのなかには、普段の仕事に加え、週末もほとんど出ずっぱりという人が多い。支援者が自身を守ることをしていかなければ、支援活動自体が停滞してしまう。そのためにはまず、本書で描かれているような、支援者自身の体験や感情について自覚的であることが必要と思われる。

震災に遭った子どもたち

続いて、本書の支援の対象となっている子どもの問題について見ていこう。私が支援活動で接したことがあるのは、震災後に放射線被爆を避けるために関東に避難してきた子どもたちである。

彼らの多くは、父親を福島に残した母子避難家庭の小学生であった。

私が見てきた子どもたちは、とくに際立ったストレス反応を示したり、心情を吐露《とろ》したりすることはなかった。「親の会話に聞き耳を立てていることが多い」など、親から間接的に、不安を感じている子どもの様子を聞くことはあったが、会ったときには元気な姿を見せてくれていたと思う。

また、二〇一三年三～四月に東京・埼玉への避難者を対象に行われたアンケート調査では、小学生以下の大多数の子どもたちについて「保育園・幼稚園・学校が楽しいと感じている」、「避難後に新しい友達ができた」という結果が出ている(1)。もちろん、そうではなかった少数の子どもについては注意が必要であるが、全体的に見れば大きな問題が発生しているわけではなく、避難した子どもたちの多くは新しい環境に適応していると言えるのかもしれない。

しかし、常に忘れるべきでないことは、避難した子どもたち全員が、一時的にせよ長期的にせよ、それまで住んでいた土地や友達関係を奪われるという体験をしているということである。そしてもう一つ、震災から避難生活に至るまで、おそらく子どもたちは、自分の周りに起こることを、ただ見続けるしかなかったであろうということである。

(1)　辻内琢也ら「埼玉県震災避難アンケート調査集計結果報告書（第一報）」二〇一三年、参照。

普段は自分を守ってくれるはずの親も、刻々と変化する事態に対して、慌てたり、感情を荒げたり、動揺したり、傷ついたりすることがあったはずである。そして、今なお見通しの立たない未来に向けて不安な気持ちを抱いていることだろう。そうした親の気持ちを感じ取りつつも、子どもはただ見つめているしかない。

こうした体験は、子どもたちの今後の人生にどのように影響してくるのだろうか。現時点では誰にも分からないことだが、本書にも書かれてあるとおり、「大人が思っている以上に、子どもは普通、悲しみをオープンにして他人に見せるようなことはしない。（中略）また彼らは、自分ばかりでなくほかの人にも配慮する」（一八〇ページ）ということは心に留めておくべきである。

さて、本書で紹介される支援活動の対象となったのは、スマトラ沖地震による津波を体験した子どもたちであり、そのなかには、家族の誰かを亡くした子どもたちも含まれている。日本でそういう状況に近いのは、岩手・宮城・福島で津波に遭った子どもたちである。率直に申し上げて、私自身はそうした子どもたちの様子について詳しいことを把握しているわけではない。しかし、最近、興味深い記事を二つ読んだのでその概要を紹介しておく。

まず紹介するのが、二〇一二年九月～二〇一三年六月にかけて行われた、岩手、宮城、福島の三県で東日本大震災当時に保育園児だった子どもへの調査である。暴力や引きこもりなどの問題行動があり、精神的問題に関する医療的ケアが必要な子どもが二五パーセントに達することが、厚生労働省研究班の調査で明らかになった。友人の死や親子の分離、被災地での生活体験が原因と考えられており、サポートが行き届いていない子どもも多いと見られ、早期の対応が求められている（毎日新聞、二〇一四年一月二七日付）。

もう一つは、〈読売新聞〉の二〇一四年三月一〇日付の記事である。東日本大震災で両親が死亡したり、行方不明になったりした震災孤児の「育ての親」たちに、疲れが目立ちはじめていると書かれている。

およそ一七〇〇名に上る震災孤児の育ての親となったのは、祖父母やおじ、おばなどの親族だが、高齢による体調不安や、慣れない子育てへの戸惑いなどを抱えている。専門家らは、心のケアも含めた「継続的な支援が必要だ」と指摘し、孤児の支援団体も実態調査に乗り出しているが、育てる側をどう支援していくか、手探りの状態が続いているようだ。

また、この記事には書かれていないが、孤児たち自身の様子も気になるところである。両親を失い、育ての親も体調不安や戸惑いを抱えているなかで、孤児たちは今、どのような気持ちを抱え、どのような生活を送っているのだろうか。

いずれにせよこれらの記事は、これまであまり明らかになっていなかった子どもたちの様子についての調査や、必要な支援についての議論が進められていくことを予感させるものである。ただし、そうした調査や議論は、もちろんヒントは与えてくれるだろうが、親や支援者が、子ども一人ひとりの個別の体験や抱えている気持ちを汲み取り、その子どもにとって望ましい対応の仕方を模索していくことを代行してくれるものではない。それに取り組むのは、まずはその子どもの側にいる大人が果たすべき役割である。

本書には、津波を経験した子どもたちが、時間をかけて絞り出すようにして表現した心情と、そうしたプロセスを経て前向きに変化していくことのできる力が、随所に克明に描き出されている。いくつか引用してみよう。

・悲しみはすごく薄暗い……でも、その一番奥には明かりがある。真ん中で黄色く光っているのが楽しかったたくさんの思い出で、その周りの赤いのは、私がもらった、今も感じているすべての愛情だ。（三九ページ）

・ほかの人が何を言ったらよいのか、その難しそうな様子がよく分かります。逆の立場になったら、同じようになるでしょう。でも、今はしょうがないのです。今私は、本当の気持ち（現実）を体験しているのです。（九〇ページ）

・たくさんの人が、よく分かるというが全然分かっていない。分かっているというのだが、本当になんて分かるはずがない。どうして、ほかの人が分かるのか不思議だ。（九一ページ）

・あのことは、ずっと前のことのように思えることがときどきあったり、逆に、まるでこの前に起きた出来事と思うときもあります。私の友達のなかには、よく私の気持ちを分かっていない人がいます。友達のなかには、あの出来事からだいぶ時間が経ったので、私はもう悲しんでいないとか、悲しむべきではないと思っている人もいます。（九四ページ）

こうした記述を読んで、すべからく子どもはこのように感じているのだと理解するのは早計である。私たちが本書から汲み取るべきことは、むしろ子ども個人の言葉が紡ぎ出されるまでのプロセスの重要性である。それは環境設定であったり、信頼関係の醸成であったり、その都度のコミュニケーションであったり、あるいは時間というものもそこに含まれるかもしれない。そして、子どもたちが感じているかもしれない気持ちや、もち合わせているであろう前に進む力について想像をめぐらせ、子どもがそうした兆しを示したときに反応できる感受性や余裕をもつこと。そのことの重要性を、改めて教えてもらったようにも感じた。

改めて、本書の意義

ここまで主に、本書の第Ⅰ部を読んで私自身が受け取ったことを中心に解説を行ってきたが、最後に第Ⅱ部、第Ⅲ部の内容を踏まえて、やや俯瞰的な視点から本書の意義と活用可能性について論じてみたい。

まず、本書で紹介されている支援活動は、一般には「グリーフケア（悲嘆ケア）」と呼ばれるものに位置づけられるだろう。グリーフケアとは、喪失体験などにより悲嘆のさなかにある人を支え癒すケアのことであり、友人や家族らによってインフォーマルに行われるものから、専門家によるカウンセリングや診療を行うものまでいくつかのバリエーションが存在する(2)

そうしたなかで、本書の取り組みは、同じような境遇にある一〇名程度の子どもたちと専門家によるグループ活動という形態をとっていることが特徴である。それが目指すことを本書の言葉を借りて説明するなら、「グループの仲間になっていくうちにお互いに信頼関係が生まれ、お互いの心の傷に接近していく。そして、お互いが体験した喪失の悲しみを見つめあい、自ら心のドアを開けていく。要するに、喪失が人を崩壊させるのではなく、愛情が人を救ってくれるということを体験する」（一八四ページ）ことと言える。

グループ活動を通したグリーフケアは、もちろん子どもだけを対象に行われるものではない。東日本大震災の支援活動との関連で挙げれば、被災地や避難先で行われている交流会やサロン活動が形態的には近いと言えるだろう。したがって、第Ⅱ部に書かれている活動の理論的背景・手順・方法は、交流会やサロンをファシリテートする者にとっては参考になる部分が多いと思われる。

なお、こうした観点で読むと、本書は子どもを支援の対象としているために、「子ども向け」

と感じられる場合があるかもしれない。しかし、私の考えでは、「語りにくさ」や「隔たり」の感覚が充満する場においては、本書（二四九〜二五四ページ）に示されている「言葉からの連想」、「絵語り」、「気持ちの状態を表したグラフ」、「手紙」といった技法は、そこに至るまでのプロセスや雰囲気づくりを工夫して導入すれば、硬直した状況を打破できる可能性をもっているように思われる。

震災の体験は、被災者や避難者一人ひとりにとって極めて重く大きく、大切なものであり、それを語りはじめるには時間がかかる場合もある。そうした「語り」を奪い取ってしまわないよう、聴き手の力も求められる。その意味でいうと、ここで示されている技法は、語り手と聴き手を架橋するクッションのような機能を果たすものとして理解できるのかもしれない。

続いて第Ⅲ部には、喪失・悲嘆体験に対する子どもの反応についての一般的知見が手際よくまとめられている。これについては日本でも何冊か類書があるが、スウェーデンと日本の文化的差異が存在する可能性を考慮するなら、そうした本と併読することが子どもへの理解を促進すると思われる。

（2）宮林幸江・関本昭治『はじめて学ぶグリーフケア』日本看護協会出版、二〇一二年、参照。

いずれにしろ本書は、「災難に遭った児童たちに対応している大人や、ケアをする人たちに少しでも参考（インスピレーション）になることを目的として書かれたもの」（四ページ）であり、支援の具体的な手法のみならず、そこでのコミュニケーションについて極めて誠実に、かつ詳細に描かれていることが特徴である。

私は、震災避難家族や子どもたちの調査・支援活動を行う者の一人として、本書には大いに励まされたし、いくつものインスピレーションを得ることができたことを、最後に感想として述べておきたい。

二〇一四年　三月

もくじ

第Ⅱ部 グループによる支援活動に参加したい理由（マリアン・ストラウメ）

子どもの悲しみとトラウマ——津波被害後に行われたグループによる支援活動

MONICA HOLM
BARN OCH UNGA I SORG OCH TRAUMA
Om stödgrupper efter flodvågen

This book is published in Japan
by arrangement with Gothia Fortbildning AB,
through le Bureau des Copyrights Français, Tokyo.

はじめに――グループによる支援活動の背景

二〇〇四年一二月末、タイ・インドネシア・スリランカなどの東南アジア諸国を襲ったスマトラ沖の巨大地震による大津波では、大量の犠牲者が出ている（死者二二万人以上）。

近年、これらの地域で多くのスウェーデン人家族がクリスマス休暇を過ごすようになっているのだが、この津波が起きたときには約二万人のスウェーデン人がこの地域にいた。そのうち、タイの人気海岸であるプーケットでは、六〇〇〇～八〇〇〇人のスウェーデン人がクリスマス休暇を過ごしていた。大半の人たちは無事に避難できたのだが、五四三名にも上る人が死亡または行方不明となっている。被害者のなかには、一八歳以下の児童が一四〇名、そして親を亡くした児童が六〇名もいた。

この巨大津波が起きた数日後、政府はNGO団体BRIS(1)に被災児童の精神的ケアの対応策を打診している。BRISは専門家と相談し、グループ活動という形で身内を亡くした児童たちと定期的に会って、悲しみとトラウマに満ちた心のケアをはじめることにした。

（1）社会における児童の権利を監視、擁護するNGO団体。スウェーデン語：Barnens Rätt i samhället、英語：Children's Rights in Society。

本書は、子どもたちがどのようにして心の奥を開いていったかの経緯や方法、またその成果を記録したものである。そして本書は、このような災難に遭った児童たちに対応している大人や、ケアをする人たちに少しでも参考（インスピレーション）になることを目的として書かれたものである。

ＢＲＩＳ事務局長
ヨーラン・ハーネスク（Göran Harnesk）

惨事のあと

津波という大惨事を経験し、悲しみに襲われた子どもたちをいかに支援するかということが最終的に決まった背景には、それなりの理由があった。津波の発生後、私たちはこの惨事に見舞われた数百人の子どもたちとさまざまな形でコンタクトを取った。その結果、津波を体験したすべての子どもたちが、同じ体験をした子どもたちに会ってみたいということであった。ちなみに、次のようなメールを送ってきた子どももいた。

「テレビでその様子を見ただけの人が、あれこれと話しているのは変だと思う」

グループによる支援活動を行っている私たちは、これらの子どもたちに対して何ができるのか、またそのための適切な役割は何なのかと、考えた。しかし、過去の経験から、同じような体験や境遇をもっている子どもたちがお互いに分かちあうことで、いかに大きな成果を上げるかを私たちは知っている。

グループによる支援活動は、ＢＲＩＳが行っている主要な活動の一つである。子どもたちが体験した出来事を言葉で表してもらい、そのときに味わったさまざまな感情も話し合ってもらう。私たちはその様子を確認し、子どもたちが話す体験を一つのコンテクストとしてまとめていく。

あくまでも、個人的な症状や問題だけに関与するのではなく、共有する経験や体験をグループで対処していくことに意味があるわけだ。このようなサポートを行うことは、子どもたちが支援の必要性を正常化することにも役立っている。

グループづくり――リーダー（指導者）の選択

各グループに二名のリーダーを配置することにした。一名は災害や惨事の児童福祉に詳しいBRIS専任のスタッフで、もう一名は児童教育や活動のスペシャリストを外部から招聘することにした。

このプロジェクトには、ヨーラン・ギィレンスヴェード（Göran Gyllenswärd）、マリアン・ストラウメ（Marian Straume）、アベェ・シュルマン（Abbe Schulman）の三人が専門家として助言を行うことになった。彼らは、惨事に関連する子どもの悲しみやトラウマのケアといった分野で深い知識をもつ経験豊富なスペシャリストである。

ヨーラン・ギィレンスヴェードは臨床心理士、認定心理療法士であり、個別またはグループでの、児童の悲しみに対する療法について豊富な経験をもっている。彼はこれまで、国際的NGOの「セーブ・ザ・チルドレン」[1]の「悲しみのなかにいる子どもたち」というプロジェクトに長年にわたって携わってきており、この領域における多くの専門書も出版している。

現在、ストックホルム市の「悲しみ成人相談所（Mottagning för sörjande）」の所長であるかたわら、悲しみに暮れる人々にどのように対応すべきか、さまざまな職場の担当者を対象にして定期的な教育指導活動を行っている。これらの経験から、ＢＲＩＳの今回の支援活動における三名の指導的アドバイザーの一人として依頼をした。

マリアン・ストラウメは、一九九〇年代、精神療法的な分野で癌治療を受けていた児童やその家族に、長年にわたって携わってきた。彼女は、主に児童、青少年、成人を対象とした国内外での紛争・戦争による恐怖、悲しみ、トラウマをもつ人々に対する心理療法の領域で活躍している。それ以外にも、ケアに携わる人々の教育指導や災害や紛争による人々の深刻な危機、トラウマに対するケア後のフォロー活動も行っている。

彼女にも、今回の支援活動におけるリーダー養成のアドバイサーの一人として依頼をした。彼女は現在、ノールウェーのベルゲン市の危機心理センターで児童・青少年に対する臨床心理士としても活躍中である。

アベェ・シュルマンは、ストックホルム県立一般診療センターの、危機・惨事心理精神科

（1）（Save the Children）一九一九年にイギリスからはじまり、世界に広がった児童人権運動。日本でも一九八六年に活動が開始されている。

(kris-och katastrofpsykologi) の主医である。言うまでもなく、過去に起きた多くの惨事に遭った児童に対応したという経験を彼はもっている。たとえば、ノールウェーの山中で起きたバス衝突事故で、(2)ストックホルム市立キスタ中学校の多くの生徒が死傷した惨事であるとか、ストックホルム市のスツーレ地区で発生した乱射事件、(3)さらには、北欧最大の惨事であるクルザー「エストニア号」の沈没(4)の際の活動が挙げられる。今回の津波惨事のあと、同氏はストックホルム県の惨事中央医療指導部に配属され、心理・精神活動の計画、活動調整の責任者として活躍中である。

子どもたちへの呼び掛けは、ストックホルム、ヨーテボリ、マルメといった三大都市を中心に配られている新聞広告（朝刊）などで行った。その結果、八〜一八歳の子どもたちを中心にした七つのグループが形成された。

グループ分けは、津波で家族の誰かを亡くした子どもたち（悲しみのグループ）と、家族の者は亡くならなかったが津波という悲惨な体験をした子どもたち（トラウマ・グループ）の二種類にまず分け、できるだけ同じような境遇にある子どもたちを同じグループに入れるようにして七つのグループをつくった。

ミーティングの場所は三大都市にある閑静な所とし、二つの部屋を用意した。ソファのあるゆったりとした雰囲気で、ミーティングの最初と終わりに話ができる部屋、そしてもう一つの部屋には、さまざまなグループ活動ができるように、広いスペースに大きなテーブルがあるほか、子どもたちの作品やその材料などが保管できるような棚が設置されている。

ミーティングは、開始→作業→休憩→作業→終了というルーティンで行われた。時には、作業や話が弾んで目的とは別の方向に進んでしまったこともあったが、グループ活動のあり方としてはよいことである。作業は、「過去」、「現在」、「将来」を基準として、「話し合う」、「語る」、「聞く」、「書く」、「描く」、「遊ぶ」と展開していった。

最初のミーティングで、子どもの親または保護者と顔合わせを行い、グループ活動の内容と計画を説明した。グループのリーダー（「先生」とは言わない）が参加した子どもたちの事情を聞き、親や保護者を通しての個別相談や進展度合を説明するなど、継続的に密な連絡を取りあうことにした。

ちなみに、ストックホルムでは、家族の誰かを亡くした子どもの親または保護者を対象とした大人のグループを二つ設け、ＢＲＩＳが「説明会」を主催している。一つのグループは、家族の

（2）　一九八八年、スウェーデンの中学生がノールウェーにバスで遠征中、ブレーキが不能となって発生した惨事。一六名が死亡し、一九名が重軽傷を負った。

（3）　一九九四年、四名が死亡し、二〇名が重軽傷を負っている。

（4）　一九九四年九月二七日、ストックホルムへ向けて乗客・乗員九八九名を乗せてエストニアのタリンを出港したエストニア号が、翌二八日の午前一時前に転覆沈没し、死者行方不明者八五二名という大惨事となった。

ミーティングに使われた部屋（写真提供：BRIS）

誰か（子ども、夫、妻）を亡くした親たち、もう一つは、両親を亡くした子どもの養育を任せられた保護者たちのグループである。

本書について

ＢＲＩＳでは、これまでに行ってきたすべての支援活動について、その具体的な内容を年間報告書という形で残している。もちろん、今回の支援活動も例外ではない。ただ、今回に関しては、最初の段階から活動プロセスを一冊の本としてまとめることが決まっていた。それゆえ、各組のリーダーには細かなメモを取ることが指示された。

本書は、ソフィヤ・グルンキビスト（Sofia Grönkvist）とビルギッタ・グラネ（Brigitta Grane）という二人のリーダーが所属したグループの日記帳（記録）をベースにしてつくられたものだが、各組からのテキストやイラスト、そして絵といった子どもたちの作品を集めたり、選択するといった作業にはカリン・ベェリロオブ（Karin Berglov）が参加している。

日記帳に記された記録は、多くのケアの可能性を見いだしてくれる。その記録を見ると、興味深いことが何なのか、手助けになるのは何か、リーダーの役割とは何なのかといったことのほかに、活動とその成果、問題の把握や対応の仕方といったことについても知る手掛かりを与えてくれる。具体的にどのようなことを行ったのかについては、「第Ⅳ部　附録」（一八九ページ）で紹介介したので参照いただきたい。

言うまでもなく、個人情報にかかわる名前や詳しい事情は、できるだけ省略および簡略化して記している。同じように、グループ活動において描かれた作品なども、制限をしたうえで本書に掲載することにした。

本書を刊行する目的は、悲しみのなかにいる子どもたちが「グループでの活動」によってどのように変わっていくのかを知ってもらうことである。活動においては、子どものケアを専門とするマリアン・ストラウメ氏と、子どもの悲しみやトラウマに詳しい児童心理学者のヨーラン・ギィレンスヴェード氏の指導を受けて行っている。

本書が、これからも起こるであろう同じような悲劇に遭って、悲しみやトラウマに悩む子どもたちをどのように理解し、どのように対応（ケア）すべきかについて考える人たちに、少しでも役立つことを願っている。

ＢＲＩＳ支援活動コーディネーター
エヴァ・ヴァルトレ（Eva Waltré）

第Ⅰ部

悲しみ

トラウマグループ

二〇〇五年二月にスタートしたBRIS主催の「グループによる会話活動」の一組は、年齢一〇歳を超えたティーンエージャー八名（エミル［Emil］、ヨハン［Johan］、ジョセフィン［Josefine］、カレ［Kalle］、カタリーナ［katarina］、ルドビック［Ludvig］、マティアス［Mattias］、ソフィエ［Sofie］）で構成されている。全員が家族の誰かを亡くしているか、グループ活動がはじまったとき、何人かの子どもの身内がまだ行方不明という状態であった。

行方不明とされている間は、亡くなったことを前提としては扱わなかった。ただ、グループ活動が終了した一五か月後の時点では、行方不明者とされていた人の死亡が確認されている。そして、遺体は故郷に運ばれて埋葬された。

活動日記は、グループのリーダーであるソフィヤ・グルンキビストとビルギッタ・グラネによって記録されたものである。

グループ・ミーティング　1

テーマ：顔合わせ――ウエルカムキャンドルに火を灯す
休憩
自己紹介
ルールの紹介
タイ旅行――大波が来たとき

全八人のうち六人の子どもたちが部屋に入ってくる前に、ビルギッタ・グラネと私（ソフィア・グルンキビスト）は、ソファのあちこちに小さなぬいぐるみの動物を置いた。そして、これからはじまるミーティングのときに、各人が選んだぬいぐるみをペットとして持ってもらうことにした。ミーティングのときには膝に乗せてもよいし、欠席したときにはペットに代理をしてもらおうと考えてソファに置いたわけである。

全員がソファに座ったが、子どもたちはペットのことを忘れてしまっているようで、いくつかのペットが床に落ちていたり、ソファの端に置かれたままとなっていた。

みんな緊張している。すでに顔見知りだった子どももいるし、兄弟同士の子どももいるのだが、誰もお互いに顔を合わせようとはしない。ただ単に、リーダーである私たち二人を見つめている。

お互いに簡単な挨拶をして、テーブルの真ん中に置いてあるキャンドルに火をつけた。ミーティングをやっている間、キャンドルは灯らせたままにした。そして、テーブルの上には季節の花を飾り、時の移り変わりを感じるようにもした。それから、ほかのいくつかのキャンドル（warm ligt）にも火をつけた。これで、少しは落ち着くような気分になれる。

最初に休憩をとり、用意してあったジュースやサンドイッチを出した。少し経ってから、さらにサンドイッチやフルーツをテーブルの上に出し、ミーティング中、好きなときに食べてよいことを子どもたちに伝えた。

まずは、私たちリーダーの紹介からはじめ、ＢＲＩＳの組織や主な活動を話したあとに電話番号やメールアドレスも伝え、最後に、これからみんなと一緒に何をやっていくかについて概略的な説明を行った。

子どもたちの自己紹介がはじまり、名前、年齢、住所、学校名が紹介された。そして最後に、タイで何が起こり、どのような惨事に遭ったのか、なぜこのミーティングに参加しようと思ったのかについて語ってもらった。

私たちリーダーは、どのような思いで今回の活動計画をつくったのかについて説明を行った。「自分が体験したことだけでなく、同じように肉親を亡くしたほかの子どもたちの気持ちや思いを分かちあうことも大切だと思う……」と言って、ビルギッタが話を進めっていった。

そして、グループ内において安心した気持ちでいられるためにはどうすればよいのかについて話をはじめた。私たちリーダーがいくつかのルールを提案したが、子どもたちからは何の提案もなく、「良い」とも「悪い」とも言わずにこちらが提案したことをすべて受け入れた。提案した六つのルールを、私はノートに書き留めた。

❶グループ活動で話したことは、参加しているメンバー内にとどめること。
❷グループにメンバー以外は入れないこと（招待者は別）。
❸欠席してもよいこと。
❹自分で体験したことは自分の言葉で表現すること――ほかの人の言葉を使わない。
❺参加しているメンバーに費やす時間はできるだけ平等であること。
❻いかなる気持ちや感情表現も許されること。

再び自己紹介に戻り、今度は二人が向かいあって座り、お互いにインタビューをしあうことにした。リーダーは質問の仕方をアシストして、子どものやり取りをノートに記録していく。静けさが破れ、部屋の中に活気が満ちてきた。

私はみんなの周りをゆっくりと歩きながら、あちこちで話されている内容を聞くことにした。お互いに話しだした子どもたちが、徐々に込み入った内容に触れだした。

「どこにいたのか、何日ぐらい、怪我はしなかったのか」などだが、誰も死んだ人のことや行方不明のことには触れていなかった。

全員がソファに戻って座り直し、先ほどの自己紹介やインタビューに関連したことについてさらに話を進めたが、このときになっても、誰が亡くなったとか、行方不明になったことについての話は出てこなかった。ビルギッタが、それについて子どもたちに向かって話しはじめた。

「ここにいるみなさんの共通点は、タイに行って津波に遭ったことと、もう一つは、あなたたちと一緒だった家族の誰かが亡くなったか、行方不明になっていることです。誰が亡くなったのか、誰が行方不明になっているのか、ここにいるみんなに知ってもらってもいいのではないでしょうか。私は、みなさんのほとんどがそれを知りたがっているのではないかと思っています。今日はそのことについて話すのが嫌でしたら、次回か、そのあとでもよいと思います」

もちろん、話をしたくない人にはその気持ちを尊重して、「話さなくてもよい」と念を押している。

部屋に緊張感が漂いだした。「ついに来たか、みんなの前であの嫌なことを話さなくてはならないのか……」という感じである。しかしその後、子どもたちのほうからこれについての話が出はじめ、徐々にだが、子どもたちの気持ちも楽になってきたようである。実のところ、子どもたちばかりでなく、聞いている私たちの気持ちも楽になりだした。

その結果、グループのみんながお互いにどのようなことに遭遇したのかについて知ることができた。お互いに似たようなことを体験し、その記憶や思い出に共通点があることを知ったわけである。ママ、パパ、兄弟、姉妹を亡くした子どもがたくさんいた。自分一人じゃないんだという思いが募り、ほとんど全員が今にも泣きだしそうな顔をして、目に涙をにじませている。しかし、誰も泣きだす者はいなかった。

短い休憩に入る。トイレに行ったり、携帯電話をチェックしたり、飲み物を飲んだりして過ごす。これからやるテーマ「大波が来たとき」は、次回のミーティングのときにも行われる。その手はじめとして、ビルギッタがアルフ・ヘンリックソン(1)の詩「Ibland liksom hejdar sig tiden ett

---

(1)　(Alf Henriksson・一九〇五～一九九五)スウェーデン近代文学界における代表的な作家、詩人。

slag（時には時の流れが止まるような）」を朗読した。

子どもたちはビルギッタの目を見つめ、静かに朗読を聴いている。読み終わったあとも、子どもたちはまったく動かずに静かに座ったままである。まるで、自分たちにしか分からない深い思いに浸っているようである。

ビルギッタが、この詩は『Sorg finns（悲しみの存在）』（Göran Gyllenswärd 著、BRIS förlag 出版、一九九九年）という本の中に掲載されていることを伝え、この本の内容を少し詳しく説明した。

私たちはタイの地図を出して、全員で見ることにした。そして、タイのどこに行って、どこにいたのか、なぜタイに行ったのか、誰と行ったのか、初めて行ったのかなど、切っ掛けとなるテーマを提供して話を進めた。さらに、私がリードをすることで話を広げていった。

「波が来たとき、どこにいたの？　そのとき何をしていたの？　どうしようと思ったの？」

子どもたちからの返事が返ってきた。

「私たちは、朝食を食べ終わってホテルの部屋にいたわ。そして波が来て、外のバルコニーに出たの。それでも波が来て、最後には屋根の上にまで波が上がってきたの。すごく怖かった」

別の子どもが、「そう！　そうだった！」と言った。

「僕はまだ寝ていたんだが、誰かがドアを強く叩いたんだ。それで目が覚めたんだ。最初、飛行機の音だと思った。床に転げ落ちたときは、もう死ぬかと思った。そのあとは真っ暗になった」

このように話したこの子どもは、黙り込んで肩をすくめてしまった。

「私たちは海岸に行って散歩をしていました。そのとき、海が引きだしたんです。そして、そのあとに砂浜の上に死んだ魚が見えたんです。そして、沖の遠くから波が押し寄せてくるのを見たんです。その波が大波と分かったときに私たちは（陸に向かって）走りだしたのですが、間に合いませんでした。波が私を襲ってきたときには、もう死ぬと思いました」

「波が高くなってくるのを窓から見ていました。私たちはバスルームに逃げましたが、ドアの隙間から海水があふれだしてきました。水の中に巻き込まれてしまい、これで私は絶対に死んでしまうと思いました」

「波が追いかけて来たとき、僕は死に物狂いで走りました。しかし、水の中に入ってしまってからは、どうゆうわけか、安心した落ち着いた気持ちになりました。水の中で、自分をなんとかコントロールできるような気がしたのです。それから僕は、屋根と屋根の樋《とい》の間にできた空間に浮かんで、そこで呼吸をしました。それから、上に向かって泳いだんです。多分三メートルほどの深さがあったと思います。水の上には瓦礫がそこらじゅうに散らばっていたのですが、その一つにつかまって助かったんです」

この日の終わり、ソファに集まってみんなで座り、次回のミーティングについて説明した。何人かは冬のスポーツ休暇でスキーに行くので来られないということだったが、ほかの子どもたちは参加すると言っていた。

最後にビルギッタが、「ミーティングの終わりに何か儀式的なことをしませんか？」と提案した。そして、「みんなが輪になって、隣の人の手をつないぐというのはどうだろうか」と言ったが、何人かがごく自然に「ネイ（No）」と答えた。このときまで子どもたちは何に対しても否定することがなかっただけに、「ネイ（No）」と言ったことはよいことだと思われる。すると、カレ君が一つの提案をした。

「僕らの友達の間では、お互いに握手するか、ハグしてヘイ（Hej＝それじゃ）と言って終わっています。僕はどちらかというと、みんなにちゃんと挨拶をして別れたいです」

すると、みんながそれに賛成した。別れるとき、一人ひとりに「今日はありがとう、またね！」と言って別れるほうが気持ちがよいということで意見が一致したわけである。

初回としては、十分満足できるだけの結果である。もちろん、子どもたちも満足した様子であった。計画通りのミーティングができ、内容もちょうどよかったと思われる。ときどき、静かすぎたり、真剣すぎたこともあったが、全体的には好奇心と期待にあふれていたようなので、次回が楽しみである。

グループ・ミーティング　2

テーマ：お互いを知る
波が来たとき――記憶

キャンドルに火を灯して挨拶をする。カレ君がそれを見て、「気持ちが落ち着く」と言っていた。前回やったことをもう一度復習して、今回来られなかったメンバーの名前を言う。子どもたちは少し嫌がったが、前回のミーティングのときに選んだぬいぐるみのペットをそれぞれが持ってくる。初めは慎重な様子を見せたが、それは一時的なものであった。

ソフィエさんが来るはずなのだが、彼女の姿がまだ見えない。すぐに電話をしたところ、彼女は二回目のミーティングは来週と勘違いをしていた。今回もみんなの自己紹介を続けようと思っていただけに、今日の予定が少しずれた感じがする。ソフィエさんには、タイ旅行と波が来たときの話をしてもらう予定だった。

この一週間、何をしていたかを話してもらうことにした。カレ君が、金曜日には葬式が行われたということについて話しだした。

「たくさんの人だった。一度も会ったことのない、たくさんの知らない人が来た。（葬式は）よかったよ。これでようやく終わったという感じで、何かスッキリとした気持ちがする」

この一週間何をしていたかについて全員が語ったあと、「先週、泣いた人はいますか?」と質問をした。二人が「はい」、一人が「いいえ」と答えた。

「僕がずっと涙を出して泣いていないもんだから、もう悲しくないんだろうと思っている人がいるらしいが、それは大きな勘違いだよ」とカレ君が言うと、エミル君が話を続けた。

「僕なんか、相当長い間ほとんど泣いていないよ。すごく悲しんだけど、泣けないんだ」

この質問が終わったあと、先週に続いて、大波が来たときにどうしたか（何を考えたか）について話をしてもらうことにした。「今日は、大波が襲ってきたときの記憶や思いを、絵や文字で表現してもらいたい」と提案したのだが、どうも、この話の流れはよくなかったようである。入り方が急すぎて、もう少し説明をする必要があったのではないかと思っている。

カレ君とジョセフィンさんはすぐに絵を描く準備に入ったが、エミル君は渋々という感じであった。もしかしたら、学校で行われている発表会のような感じを受けたのかもしれない。

少し時間が経ってから、彼のそばに行って座った。絵を描いていなかった彼だが、白い紙にたくさんの文章を書いていた。彼は、ある歌の詩を書いていたのだ。

「書きたいことをただ書いている」と話した彼と少し会話をしてから、「書いた詩の一つを別の紙に書いてくれないか」とお願いしたら、「はい、いいですよ」という返事をくれた。この依頼を私が強制的に求めたと感じたのか、それとも、彼が私を避けるために、または満足させるためにそう返事したのかは分からない。

できあがったものを見せあうときになったが、エミル君は「何もやらなかった」と言う。彼の正面に座っているもう一人のリーダーであるビルギッタが次のように言った。

「書くのも嫌、絵も描きたくないというなら、何か話してくれたら……」

そうすると、彼が話しだした。途中で話が途切れそうになるとビルギッタが質問をして話をつないだこともあって、最後まで流れが損なわれることなく話してくれた。

ビルギッタのリードは信頼できるし、しっかりとしている。エミル君の話が不安定になって前に進まなくなると、彼女は細かなことまで尋ねて話をつなげていった。ほかの子どもたちは、静かに座ってその話を聞いている。話し終えたエミル君の顔には、ほっとした表情がうかがえた。

ジョセフィンさんが描いた絵を持ち上げて言った。

「これは、お母さんを最後に見たときの絵です。ここにいます」

みんな、彼女の家族が集まっている絵を見る。胸がすごく熱くなる。ジョセフィンさんは目に涙を見せ、泣きだしそうになるのを懸命にこらえていた。

カレ君は、家族が泊まっていたバンガローに波が押し寄せてきた様子の絵を描いた。太陽が照り、虹が出ている風景に、覆いかぶさるような灰色の曲線がたくさん描かれていた。晴れた空の虹は、パラダイスのような雰囲気を表現している。彼の家族は、バカンスを最高にエンジョイしていたのだろう。カレ君が話しだした。

「窓から外を見ると、海水が盛り上がってきた。みんなが、外にあるトイレのほうに向かって走りだしたんだ。灰色に描いたのがそれ（波）です。パラダイスが、あっという間に地獄になったんだ」


全員がソファに座り、来週行う予定について説明した。私は子どもたちに、「今日のミーティングをどのように感じましたか？」と軽い口調で尋ねた。「かなりリラックスできたと思う」とカレ君が言うと、エミル君とジョセフィンさんがそれに同調した。

「前回はみんなすごく緊張していたから」とエミル君が言った。

「僕がみんなに質問したとき、誰も答えようとしなかったし、多分、僕とビルギッタ（リーダー）だけが少し（話したくて）ムズムズしていたんだね」

みんなの顔が少しほほ笑んだ。約束通り、最後にみんなで手をつなぎ、「ではまた」と言ってこの日は終了した。

子どもたちが帰ったあと、ビルギッタと話し合った。

子どもたちは、お互いの結び付きよりも私たちリーダーとの結び付きのほうが強くなっているような感じがする。当然とも思えることだが、これには気を付ける必要があると思う。子どもたちが互いに結び付くようになるにはどうしたらよいのか？　これから行うこととして、彼らの「今」と「あの時」を同時並行的にやっていかなくてはならないことを確認しあった。

私たちリーダーは、この場で、彼らの悲しみに正面から向きあうだけの覚悟をしなければならない。

グループ・ミーティング　3

—テーマ：記憶（思い出）

今日は七人が参加した。新しくルドビック君が加わった。今日、参加する予定だったソフィエさんは、家族の遺体が見つかったということで、引き取るためにエルナ（Ärna）飛行場まで迎えに行くということだった。そのあとは、遺体とともに家にいたいと言っていた。

こんな悲しみを背負った子どもたちが、このような集まりによく参加できるものだ、と思うと胸が痛くなってくる。私は、風吹く飛行場で彼女が親たちに再会する光景を思い描いてみた。今日のミーティングは、何となくきつい気がする。

私が部屋に入っていくと、ビルギッタがルドビック君にぬいぐるみの話をしているところだった。彼はすでにその一つを選んでいたし、ほかの子どもたちもすでに自分のペットを手にしていた。何人かがペットをいじっており、残りの子どもたちはテーブルの前に置いていた。この年齢の子どもたちには、ぬいぐるみのペットはあまり役に立たないようだ。彼らにとっては、少し子どもっぽすぎたのかもしれない。

キャンドルに火を灯してからミーティングをはじめた。自由に好きな飲み物を持ってきて座った。私とビルギッタは、今日から参加するルドビック君をみんなに紹介した。参加者のみんなが、順番に名前、住所、学校名などを述べ、なぜタイに行ったのか、誰を亡くしたかなどを語った。ルドビック君も同じように話し、自主的にこの会合に来たわけではない、と付け加えた。

みんなの話が終わったあと、私とビルギッタが「みなさんの毎日の生活がどんなようなものなのかを知りたい」と話した。たとえば、学校とか友達のこと、そしてよく寝られるか、といったことである。ビルギッタが「何でもいいから話してくれる」と言うと、何人かが「はい」と答え、何人かはうなずいたが、反応のない子どももいた。私が、「一日をどのように過ごしていますか？」と重ねて質問をした。

マティアス君が、「いつもと変わりなくやっているよ。ただそうやっていると、何にも感じないよ。学校（勉強）が一番大切なことだといつも言われていたので、その通りやっているんだ」と、はっきりとした口調で言い切った。私が「睡眠のほうはどうなの？」と尋ねると、彼は「問題ない」と答えた。

エミル君は、「学校には、以前と変わりなく行っているよ」と言う。以前から学校をかなりサボっていたエミル君であるが、どうやら、それは今も同じらしい。しかし、睡眠のこととなると違っているようだ。夜はあまり眠れず、時には夜中に数時間、目が覚めていることもあると言う。

ほかの子どもたちはというと、最近はそのような傾向がかなり少なくなってきており、ほとんどの子どもが睡眠については問題ないということだった。何人かの子どもが、「以前よりよく寝られている」と言っている。

私は、以前に学んだ自己睡眠法を、具体的に彼らに伝えようと思った。そして、エミル君に、「睡眠がよくできるヒントをあげようか」と話したところ、「早速、やってみる」と彼は答えたのだが、本当にこれでよかったのか、と少し不安にもなった。つまり、今すぐはじめるのではなく、もう少し時間をかけて、彼の睡眠に関する問題を聞いてからすすめるべきだったのではないかと思ったわけである。

そんなわけで、ヒントを伝授したあと、エミル君がどのように受け取ったかについてはあまり自信がなかった。それが理由で、自分が何でも手助けができるのだ、ということを示すための自己満足ではなかったかと反省もした。以下は、この日に子どもたちが睡眠などについて話した内容である。

カタリーナ　私は、なぜ夜中に起きてしまうのか分かりません。ただ眼が覚めてしまう。ほかの人が起きると、私も起きてしまう。目が覚めてベットでじっとしているのは、学校に行くことよりつらいです。学校にいると、あんまり考えないでいられるのです。学校では、私のためにベットを置いた小さな部屋が用意されていて、好きなときにそこに行けるようにしてくれています。

ヨハン　僕は、ちゃんと朝起きて学校に行っている。学校で友達といるときのほうがあまり考えなくていいんだ。それに、よく寝られるし……。

ジョセフィン　本当はベットから出たくないんだけど、起きます。そうでないと、何をしていいのかと迷ってしまい、時間だけが経ってしまうのです。

成績優秀のカレ君は、両親がいつも言っていることを思い出し、その通りにやっているという。両親はいつも彼を誇りにしていたので、これまで通り、これからも頑張るということであった。一方、ルドビック君は、「今日は何も言いたくない」と言っていた。彼にとっては最初の日であるから、その気持ちがよく分かる。私たちは彼の気持ちを察して、「もちろん、言わなくていいんですよ」と伝えた。

このあと、会話のテーマを「葬式」と「追悼式」に変えた。何人かの子どもたちの家族の遺体が確認されて帰国しているが、まだ多くの人が行方不明のままとなっている。前回のミーティングに参加していない子どもがいたので、ビルギッタがカレ君に、葬式の様子をもう一度話してくれるようにお願いした。その後、マティアス君とジョセフィンさんが、今週の土曜日に追悼式が行われると話してくれた。

次に、タイ旅行の思い出について話し合うことにした。タイで起きた悲しみを絵やイラストにしたり、文字で表すなど、自由に表現してもらうことにした。すぐに、みんなが作業に入った。私たちは、作業をはじめた子どもたちの周りを歩きながら話しかけることにした。子どもたちは、干渉されずに、自由に作業を進めたいという様子であった。

カレ君、エミル君、ルドビック君たちは、何か文章を書いている。ほかの子どもたちも何かを描いている。マティアス君、カタリーナさん、ジョセフィンさん、そしてエミル君らは、お互いに書いたものを見せあっていた。

マティアス君は、家族全員が海辺に沿って朝の散歩をしているスケッチを描いた。彼の家族は、毎朝そうしていたらしい。しかし、その日（津波が来た日）はそうではなかった。「ラッキーだったのかな……」（その日、彼だけが散歩に加わっていなかった）と、マティアス君は言った。

ジョセフィンさんは、タイでのクリスマス・イヴのときに撮った家族写真を思い出して、それを描いていた。津波でカメラもデータも全部なくなってしまったが、撮った写真はスウェーデンの知人にメールで送ってあるので、「いつかはデータをもらえると思う」と言っている。

カタリーナさんは、同じ年頃の従姉妹と二人だけで浜辺にいたそうである。「海の水が沖に引いていったあと、砂浜に死んだ魚が何匹もいて気持ち悪かった」と言う。こんな所で日向ぼっこは嫌だ、と思ったそうだ。

カレ君が、悲しみとは何だろうという詩を書いて朗読した。みんなが静かに聴き、朗読が終わったあとも同じく静かだった。突然、エミル君が言い放った。

「すごくよかった！　まったくその通りだ」

ほかの子どもたちもうなずいた。すごくよかった……。そして、また静かになった。

これで、今回のミーティングは終わることにした。全員、お互いに手を結んで、「ありがとう」と言って別れた。

子どもたちが帰ったあと、私はソファに腰を下ろした。かなりの疲れを感じたのだ。部屋の中にまだ漂っている子どもたちの感情が、私の胸の中に突き刺さっている。ビルギッタと私はこのことについて話し合った。この職業に就いて何年間も、数多くの困難やさまざまな悲しみに暮れた子どもや家族の人たちと出会ってきたはずなのに……と思うのだが、これからも、私の考えること、感じていること、そしてやるべきことに全力を注いでいかなくてはならない、と改めて感じた。

悲しみ

子どもたちの悲しみの表現はさまざまな形で表れた。何人かの子どもが、感じている悲しみを隠すことなくオープンに話した。それとは反対に、心の内を閉じて無言でいる子どももいる。また、悲しみの対処に時間を必要としているのか、それともどのように向きあっていけばいいのかが分からない子どももいる。そのほか、本当の悲しみを表に吐きだしてしまったら何もかもが崩れてしまうのではないかと、ためらっている様子の子どもも見られた。

もし、私がこれ以上悲しみについて話さなければ、自然に問題は消えていくのではないかとも考えてみた。しかし、すべてをよい方向に進めようとするなら、これらのことを乗り越えていかなくてはならない。

年齢の低い子どもたちは、これからの生活が大きく変わるだろうと思っている。たとえば、母親がいなくなって宿題を見てくれる人がいないとか、父親がやってくれていたサッカーの練習場への送り迎えがなくなったとか、兄弟姉妹で一緒に遊んだり、話し合ったりすることができなくなったこと、などである。

一方、少し年上の十代の子どもたちが抱える悩みはより実在的なものとなる。誰が自分の模範になってくれるのか？　いつか結婚したときどうなるのか？　これから本当に困ったときに誰に助けを求めればいいのか？　弟を亡くした子どもは、パパやママが亡くなったあと独りぼっちになってしまう、などである。

さらに私たちは、悲しみについて簡単なメタフォー（暗喩《あんゆ》）で進めていくことにした。人生の今と、これから生きていくことを二車線の道としてたとえることにした。

その一車線は、これから生きる道をシンボルとしており、失ったものにあまり染まらないで、まるで何事もなかったように日常的に過ごしていく道である。そして、もう一つの車線は、亡くしたことから来る悲しみ、寂しさのすべてが変わったことや、考え方、感情、体験を表現する道である。

この二本の車線は、子どもたちが悲しみのなかに入ったり出たりするシンボルである。彼らが負った悲しみは、今後、彼らの人生においてさまざまな形でついていくことになる。ここにいる子どもたちは、今、新しい人生の境目に遭遇しており、これからどう生きるかということと思い出との間のバランスを保とうとしている。今後、ただ単に生きていくということはできないのだ。

私たちリーダーが考えた計画は、子どもたちが経験したことをもとにして自由に作業をはじめてもらい、惨事と直接結び付いた思いや感情をより分かりやすく、扱いやすく、向かいあってもらいたいというものである。そしてその後、悲しみ、寂しさ、思い出だけに集中して作業を進めてほしいと思っている。

私たちは、子どもたちが津波の出来事が起きてからあまり時間が経っていないこと、また、あまりにも劇的なことであったはずだろうと考えていることや、感じていることがかなりあるのではないかと判断した。それゆえ、最初から死について触れることは、子どもたちのトラウマによる傷を深めるのではないかと思った。しかし、ほとんどの子どもたちは、たしかに悲嘆には暮れているが、津波に遭遇した惨事については冷静に把握をしていたことが作業に入った最初の段階で分かった。

このような子どもたちの様子を見て、私たちは初めに考えていた計画を変えて、子どもたちの体験と死のことを平行して作業を進めることにした。そして、二〇〇五年の暮れごろになると、子どもたちが体験したことを詳しく話したいという雰囲気が強くなってきたので、また最初のテーマに戻ることにした。子どもたちは、自分の体験をより自由に表現するようになり、ほかの作業においても、自らが体験した出来事をためらうことなく繰り返すようになった。

以下に紹介する文、詩、絵、イラストは、ＢＲＩＳ主催で行った六組のサポート活動、主に「悲しみグループ」の記録から抜粋したものである。同様に、六〇ページ、八六ページからと、一〇四ページからでもいくつか紹介している（作者名はすべて仮名である）。

これらのページで紹介している作品は、Gothias（出版社）とＢＲＩＳのホームページにも掲載されているので、子どもの悲しみやトラウマに携わる人々や支援グループの方々は、自由に活用していただきたい。

悲しみとは

——悲しみとは、青の車輪に黒い線が入っていて、それがグルグルと回っているようなものだ。黒は怒りで、ほか（青）はほとんど哀しみだ。悲しみは、これからいつも付きまとってくる、だからグルグルと回っている。

——悲しみはすごく薄暗い……でも、その一番奥には明かりがある。真ん中で黄色く光っているのが楽しかったたくさんの思い出で、その周りの赤いのは、私がもらった、今も感じているすべての愛情だ。

（カラー口絵を参照）

私の心は泣いている

私の心は、あなたがいなくなった寂しさで泣いています。
生き方が変わる、私は嫌だと言えない。
でも、込み上げてくるこのつらさ、
それは、少しずつ奥に忍び込んで私を引き裂く。
なぜ、こんなことが起こるのか、私には分からない！
まだ、あの温かさを感じる、私を抱きしめてくれたあなたの最後の抱擁を。
あなたは私のお母さん、あなたはいつまでも私のお母さん、
これからもいつもあなたを愛してゆきます。静かにおやすみなさい。

私は、たくさん言いたいことがあった。
私はあなたに、あげたかったものがたくさんある。
私の生きている日々で、ときどき絶望感を感じる。
でも、そんなとき、あなたの笑顔が見える。

これからの長い道のりで、私の手をしっかりと握っていてください。
私がこの世を離れるときが来るまで、ずぅーと見守ってください。
あなたは、今、自由の翼を付けた天使です。
でも、すごくつらいです。
なぜ、そんなに若い人が死ななくてはならないのでしょうか!?
目にいっぱい涙をためて、
静かなひと時、私はあなたを偲んでいます。

大空の桃色の雲の上にあなたは座っている。
一人で家にいる私には、あなたの笑い声が今でも聞こえてくる。
四つの壁に囲まれたこの部屋に、それはいつまでもいつまでも聞こえるのです!
そうして、ほかの人が何を言おうとも、私たち二人はいつまでも一緒なんです。

前より、ずぅ〜と疲れている

——僕が怒ると顔の全部が硬くなってしまい、何も話すことができない。そして、手を拳にして、固く、すごく固く握ってしまう。悲しみのほとんどはお腹と目の周り、そして頬の周りに忍び込んでくる。それは頬にしっかりと張り付いて、まるで頬が縞模様になってしまったような感じがする。頬がそう感じたら、僕は何も言えなくなってしまう。

——朝によくお腹が痛くなる。そんなときは、僕はどこにも行きたくなく、家にいたい。そして、時には頭も痛くなる、ときどきだけど。

——僕はなかなか眠れない。そんなときは、ベッドから起きて何かをする。以前は、そんなときパパやママの部屋に行ったりしたけど、今はそれができなくなった。だから、僕は姉さんの部屋に行くんだ。ただ、なんとなく……。

——どうして、考えることに集中できないだろうか。今は、ただただ疲れを感じるんだ、前よりすごく疲れるんだ。

誰にも言えないこと

――僕の（心の）氷山の底の底に、僕の「ねたみ」を書いた。僕は彼（弟か兄）が死んだことをねたんでいるんだ。僕は生き延びて、あれから起こるすべての嫌なことを味わうことになった。

――僕は心の氷山の一番底に、「ありがとう」を書いた。そのことを誰にも言いたくない。とくに、ママやパパには絶対言えない。どうしてかというと、それは、彼が死んだことがよかったと思われるかもしれないから……。

――私の好奇心は海の深いところにある。今になってしまっては何の意味もないのだが、いったい何が起きたのかを詳しく知りたい。あの同じ場所にいた多くの人たちが生き残って、なんで彼女（母親か姉妹）だけが死んだのか理解できない。でも、このことを話すことができない。私以外の家族の人たちは、このことについてあまり気にしていないようなので。

Trött
(疲れ)
Nyfiken
(好奇心)
Orolig
(不安)
(不幸)
Olycklig
Ledsen
(ごめん)
Besviken
(失望)
Rädd
(恐ろしい)
Arg
(怒り)
Sorgsen
(悲しい)
(ねたみ)
Avunsjuk

（カラー口絵を参照）

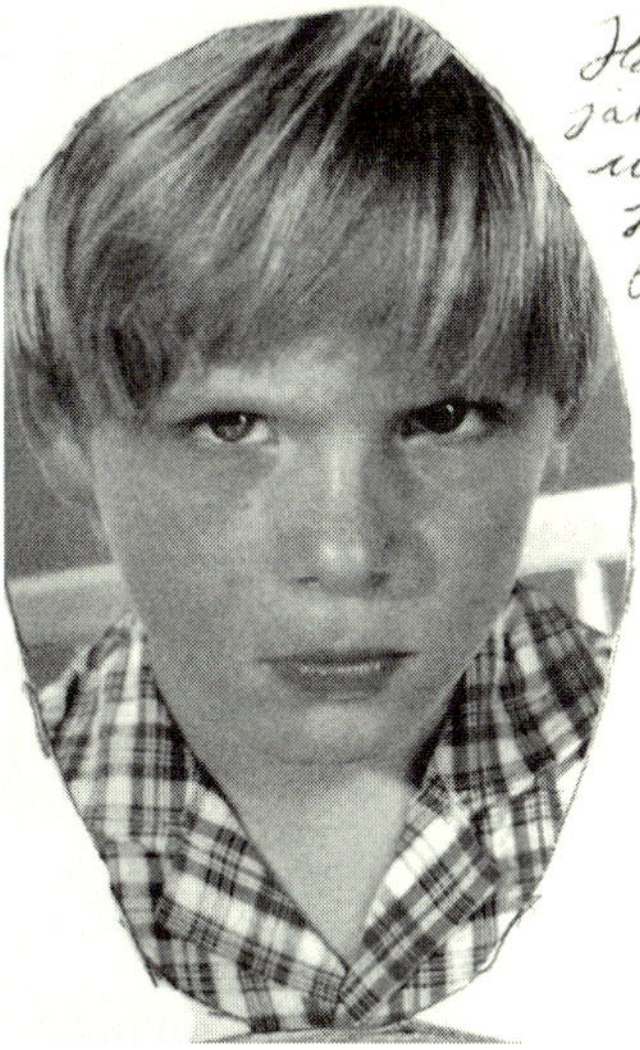

Han tänker att han är jättearg på Gud, och undrar varför det hände just honom? Och varför han fick leva.

僕は神に憤慨している。
死んだのが、なぜ彼なのか。
なぜ、僕を生きさせたのかを知りたい。

私は泣いている

――私は、突然、泣きだしてしまう。たとえば、友達のお母さんが元気ですかとか、ほかの人のお母さんが私を慰めようとしたときなどです。

――私は、ほかの人と一緒に泣くのは嫌なんです。悲しいときは、ただ一人でいたいんです。もちろん、パパや兄さんと一緒に泣いたこともあります。でも、一人で部屋にいたいのです。

――私は、時には大きな声で叫んだりもしました。そんなとき、家族の者は、私に外に行きなさいと言う。私の兄弟は、私のように悲しくないのかもしれない。

――私は悲しくなると一人になりたい。

――僕もそうです。僕が悲しんでいるのを見た人は僕を慰めようとします。そんなとき、僕はその人のために、悲しくないといった顔をするように努めています。

――私も、まったく同じです。誰かが寄ってきて慰められると、何とかして、泣くのを止めるようにしています。

一番、恋しくなるとき……

——あなたが、一番恋しくなるときは何時ごろですか？

——お母さんが、帰ってくる六時です。

——私はママの所にいたいのに、ママは私にここにいなさいと言う。

——今は、ただすごく静かです。以前は、私たちが帰ってくるとお母さんはいつも家にいて、おやつを出してくれました。そして、宿題まで助けてくれました。今は、あまり家に帰りたくないです。

——今は、友達といるときが多いです。なぜなら、家に帰っても空っぽなんです。それで、家に帰るのが遅くなるのです。

——私はあのことを絶対に人に話しません。話したって答えなんかないんです。前に話そうとし

——お姉さんのことが一番恋しくなるのは、ベッドに入ったときです。私が家でたった一人の子どもになったことがよく分かります。

（カラー口絵を参照）

たんです。でも、だめでした。私はただお母さんが恋しくなるばかりなんです。そして、（お母さんと）本当に話がしたいんです。

――それはつらいです、すごくつらいです。楽しかったことを思い出すことは……。

――今年の夏はまったく違っていました。誰も泳ぎに行こうと言わなかったのです。自分一人では行けない妹は、いつも一緒に泳ぎに行こうと誘いました。それが嫌でした……それが、今は寂しいです。

――ほかの人たちは、私が妹の部屋に入ることが嫌なのではないかと思っています。そんなことはないんです。それは、妹が自分の部屋をあまり好きではなかったからです。それよりも、妹が好きだった歌を聴いたときとか、校庭で遊んでいる妹の友達を見たときのほうがずっとつらいです。それがいちばんつらいです。

――いちばん嫌なことは、練習が終わって、電話をかけて、車で迎えに来てくれたパパがいないことです。

お母さんはどこかにいる

——私のお母さんは、地球だけに人間が住んでいるのはおかしい、どこかの星にも人はいるはずです、といつも言っていました。ですから、お母さんはどこかにいて、私を待ってくれていると思います。

——私はいつも写真を見ています。夜には、その前にキャンドルを置き、火を灯して話しかけています。

——私には二つの力があると思っています。私たちが生きていくために、お母さんがもっていた力をくれたからです。今、私たちのなかにはお母さんが一緒にいるのです。

——私はときどき両親の寝室にいます。少し変かもしれませんが、私は二人がいた部屋にいたいのです。私は大きな声を出してお母さんと話はできませんが、お母さんがこんなことを言ってくれただろうとか、こんなときには、どんなことをしてくれたかなどを考えています。

――ときどき、学校に行くのがつらくなります。でも、そんなとき、学校に行ってちゃんと勉強することは大切だよ、と言っていたパパの言葉を思い出します。そして、つらいときでも頑張って学校に行きます。パパが後押しをしてくれているような感じがするんです。

――私は逝ってしまったお姉さんとよく話をします。それで、時には気持ちが落ち着くのです。お姉さんとは前からよく話していましたから、これからもそうしていきます。私は、お姉さんにこれからのことを相談しています。

言っておけばよかった

――私は、ママが私にとって、どれほど大切な人だったかを言っておきたかったです。今、こう思っているということは、多分、いなくなる前にはそう思わなかったのですね。

――私は、今、ママがすごく恋しいです！　この悲しみは誰にも分からないです。こんなことは本当ではないのです！　でも、そうなのです。私もいつかはママの所に行きます。この地上で私の人生を終えてから……。

――あなたがいないとすべてが困難で、つらいのです。ママ、あなたにはたくさん言いたいことがあるんです。でもそれは、私があなたの所に行くまで待っていてください。パパも同じ思いでいます。パパは、最高のパパであることも知っておいてください。

――私たちは、毎日のようによく言い合いをしましたね。それでも私は、ママを心から愛しています。

一〇年経ったら

――僕にとっては、津波に遭ったほかの人の話が聞けてよかったと思っている。これから先の道のりは長いけど、よい将来があると信じている。大きな希望をもってよいと思っている。

――僕は、本当に安心した気持ちになれない。今でも、またいつか何かが起きるような気がする。たとえば、歩いているときに車にはねられるとか。でも僕は、今は何も怖いとは思わない。もし、そうなったら、僕はパパにまた会えるんだもの。僕には何も怖いことはない。ここで何にもやることがなくなったら、パパにまた会うことができることを知っているから……。

――今から一〇年経ったと思ってください。そうしたら、もう一〇年も会っていなかったと、つらく感じるはずです。

円グラフで表した「あの時」「今」「将来」の感情

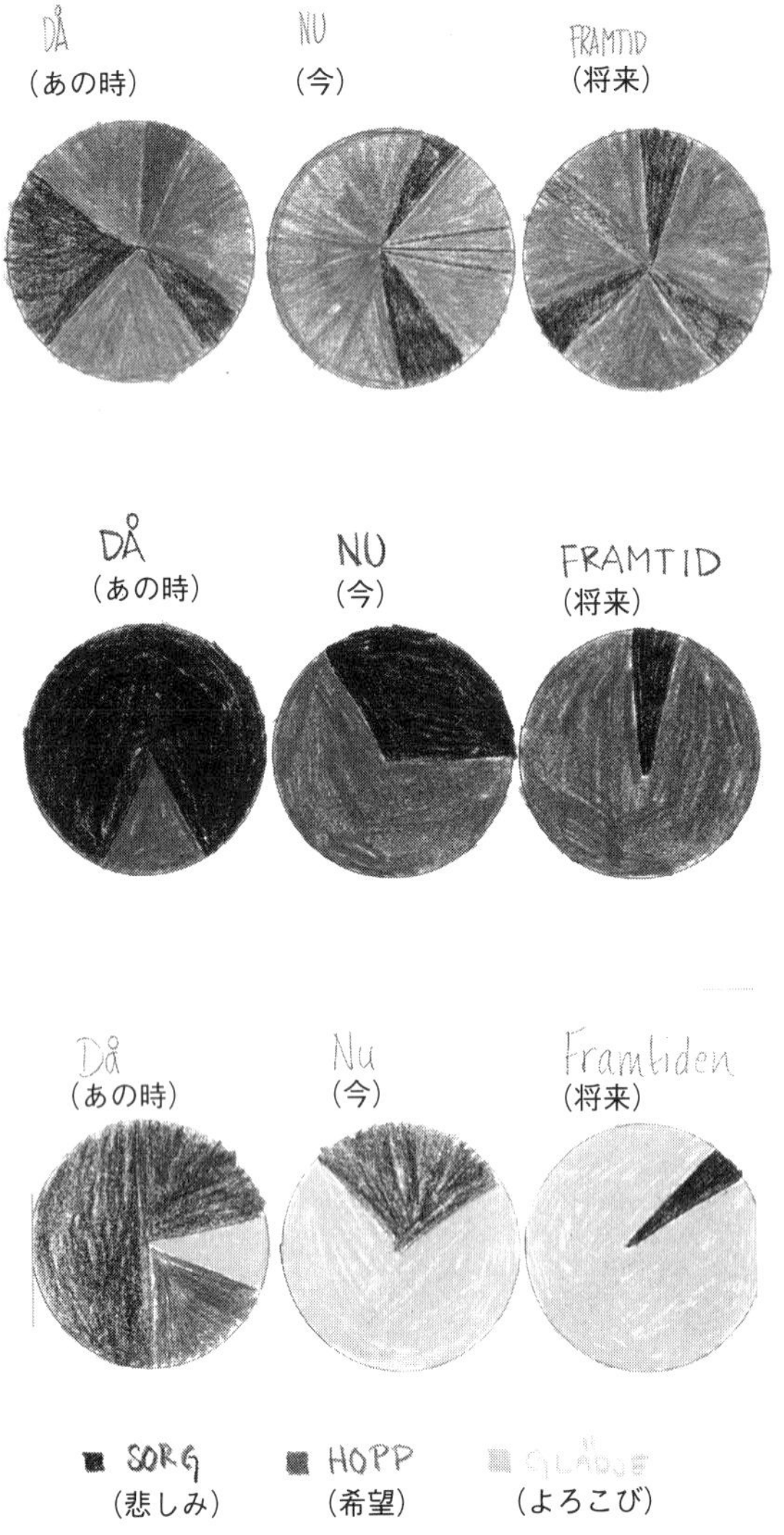

グループ・ミーティング6

—テーマ：家族

イースター休暇があって、前回に全員が集まったときから長い時間が経った。子どもたちは友達と再会できてうれしそうである。部屋に入ってくるなり、みんなおしゃべりをはじめている。ソフィエさんが、カレ君は少し遅れてくる、と伝えてくれた。私たちリーダーに連絡をしないで、カレ君は友達に伝えたのである。私は、カタリーナさんが来られないという連絡があったことや、エミル君のお父さんから、エミル君は欠席するという連絡があったことをみんなに伝えた。キャンドルを灯し、私が「Valkomna!《ウエルカム》」と言うと、「ありがとう」と全員が声をあわせて返事をした。

イースター休暇の連休のときも含めて、子どもたちがどのようにして毎日を過ごしていたのかを聞くことからミーティングをはじめた。子どもたちは、それぞれ何をしていたのかを話した。親戚の人たちと過ごしたという子どもや、友達と何かをしたという子ども、そして引っ越しをしたという二人もいた。

子どもたちに、今回のイースター祭はいつもとどのように違っていたのかと尋ねた。子どもたちは、ほとんど例年通りだったと言うものの、「寂しさ」を感じたと言う。一人の子どもが、「みんなと一緒にいると、どうゆうわけか、そんなに寂しさは感じない。寂しいことは寂しいのですが……多分、みんながいるからだと思います」と言った。

みんなの話が次々と続いたため、休憩を忘れてしまった。子どもたちは礼儀正しく、自分たちから休憩を求めることはない。私が「別のテーブルにお菓子もあるのでどうぞ」と言うと、子どもたちは微笑みながらテーブルの周りに移動した。

私たちは、今までやってきたことをまとめておさらいをした。グループで話を進める際、自分のことだけではなく、ほかの人の家族のことや、亡くなった人のことも一緒に話すことにした。子どもたちは、まだお互いを知りつくしているわけではない。たとえば、集まった友達の家族構成とか名前、両親が離婚しており、交替でそれぞれの親の所に住んでいるということなども知らない。

私たちリーダーは、子どもたちに「家族」とは何か、どのような意味をもっているのかについて聞くことにした。マティアス君が「すべてです」と、ごく自然に答えた。そして、「みなさんの家族を描いてください」と子どもたちにお願いした。みんながどのように表現するのか非常に興味深い。津波に遭った前の家族を描くのか、その後の家族を表現するのかについては自由とした。

ルドビック君とマティアス君の二人が「絵は苦手だ」とクレームを言ったが、「上手に描くことでなくて、何かを表現することです」と説明した。三人を一組として、一つの机で子どもたちは作業をはじめた。

カレ君が遅れてやって来た。「イースター休暇のとき、何かしましたか？」と聞いたところ、とくにたいしたこともなく静かに過ごしたが、「パーティーをやりました」と言う。「パーティーてどんな？」と、さらに聞いてみた。

「僕は少しお酒を飲んで、外出してダンスをしたり友達と会ったり……僕は友達に会うことが好きなんです。いつも新しい友達を求めています。それが楽しいのです」

「お酒を飲んだあなたがどうなったのか気になるわ」と言うと、「それは、僕が泣いているかという意味ですか？」と聞い返してきた。

子どもたちは、おしゃべりをしながら何かを描いている。私たちリーダーは家族のことを少し聞くことにした。亡くなった家族との絆、どんな人だったか、何をしていた人か、何が好きだったのか、などである。そして、「お母さん、お父さん、兄弟、姉妹、ほかに亡くなった人たちのことを思い出して欲しい。それと、今生きている家族の人たちの思いはどうなのかも話して欲しい」と言った。子どもたちが何を話してくれるのか、好奇心が高まった。

全員がテーブルを寄せあって、隣りあわせに座った。一人ひとりが、自らの家族をプレゼンするわけだ。私とビルギッタが、「みんなに何か言いたいこと、何か特別な思い出、とくに大切にしておきたいこと、などを聞きたい」とお願いした。

ジョセフィンさんは、津波に遭う前の家族を描いた。家族のみんなが笑顔で描かれていて、亡くなった人がとくに目立っている。「彼女は前向きでいつも楽しくしていた人で、私に似た性格をしています」と、ジョセフィンさんが語ってくれた。

ヨハン君も家族を描いた。亡くなった家族の人が列の真ん中にいる。みんな手をつないで微笑んでいる。

「僕らはいつも一緒だったんだ。そして、何んでも一緒にやっていたんだ。彼女はいつもそばにいたんだ」

カレ君は、家族の一人ひとりの性格を箇条書きにした。それは、「指導力があること、社会的であること（他人のことを考える人）、努力できること（忍耐強い）、目標をもっている」であった。そして、自分も同じような性格をもっていると言う。

ソフィエさんとルドビック君も、誰にでも好かれそうな温かい、いつも笑顔でいる微笑ましい家族を描いた。

描かれた絵を見ながらみんなで話す時間が長くなってしまったが、すごく有意義な時間であった。子どもたちと一緒にソファに座って、来週のミーティングのことを話すのも気持ちがよかった。私たちリーダーは子どもたちに、「次のミーティングのときには、亡くなった家族の写真や何か記念の物を、持って来れる人は持ってきて欲しい」とお願いした。

子どもたちが帰ったあと、ビルギッタと私が同じく確信したことは、グループの子どもたちがお互いに身近な関係を築きあげつつある、ということだった。子どもたち同士で、お互いに何か特別な関係ができあがってきているように感じたわけである。

子どもたちの話し方には温かみがあり、多くの子どもがリラックスして話すようになってきた。それに、グループの子どもたちの表情には安心感が見られるようにもなった。これはまさに、私たちリーダーが求めていたことである。

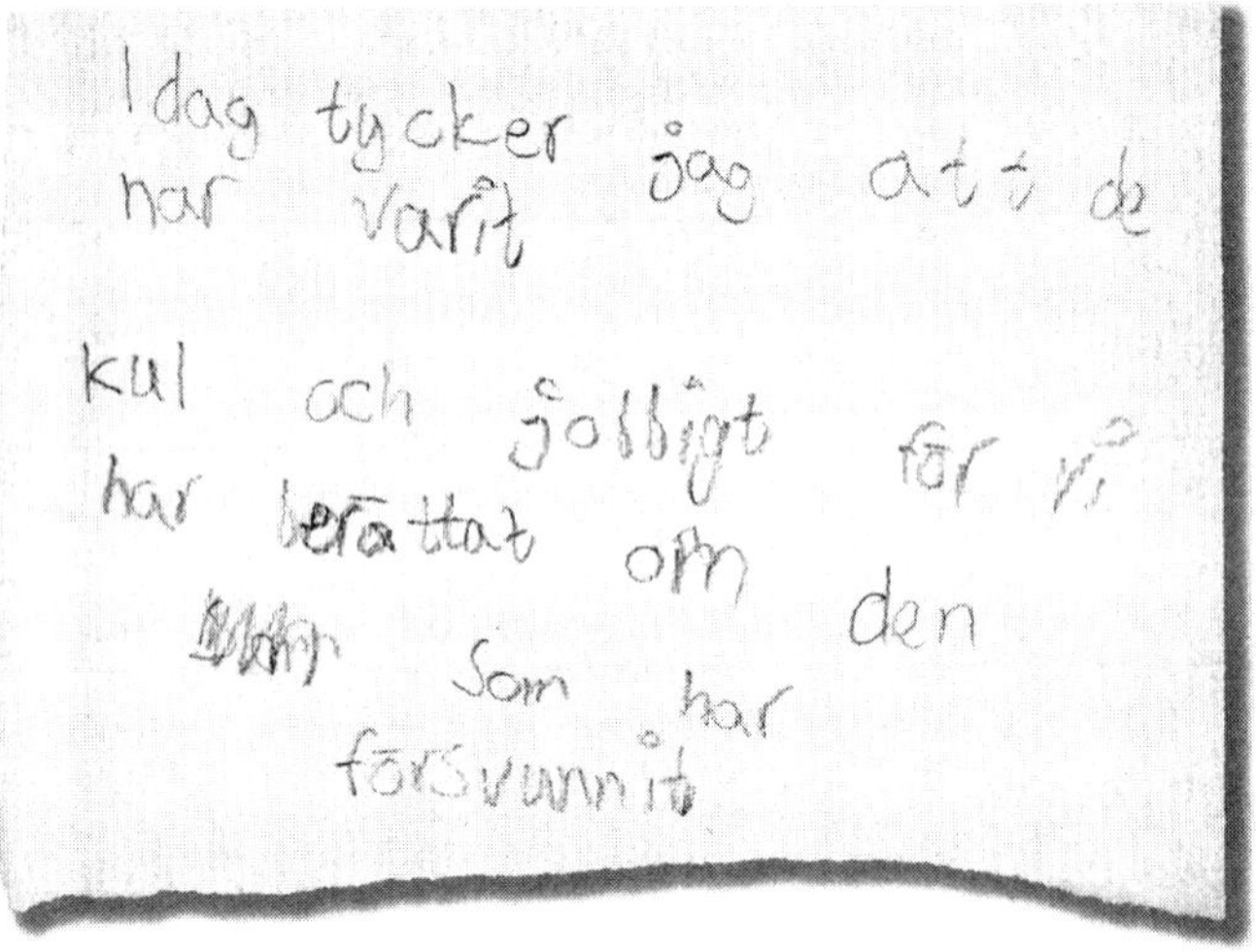
Idag tycker
jag att de
har varit
kul och
för vi
har berattat om
den
som har
försvunnit

子どもが書いた文章「今日は楽しかったのですが、
行方不明のことを話したときはすごくつらかった」

今日のテーマである「家族」に関しては計画していたことがまだ残っており、次回のミーティングでも続けることにした。次の計画では、亡くなった家族の人に手紙を書くことと、津波のあとどうなったのか、今日までにどのようなことが起きたのかについて語ってもらうことにした。そして、ミーティングの初めに、今日、時間がなくなってできなかったサイモン＆ガールファンクル（Simon & Garfunkel）の『明日に架ける橋（Bridge Over Troubled Water)』の歌詞を朗読してから曲を聴くことにした。

家族

悲しみに立ち向かうグループの子どもたちの間で毎回繰り返し話されるテーマといえば、家族の変わり方について、となる。子どもたちの体験はそれぞれ違っているが、すべての子どもたちが、家族にまつわるこれからのことについて疑問や悩みを抱えている。自分はどうしたらよいのか？　何と言っていいのか？　または言わないでいようか？　という悩みが多い。

子どもたちは、ほかの家族の人、とくに大人や兄弟姉妹を見習って同じような悲しみ方をしようとする。その一例となるのが次のようなものである。

面白い話をしようと思って家族のみんながいる部屋に行くのですが、そのとき、ほかの家族の人たちの様子を見て、誰かが悲しそうな様子だったら何も話したくなるのです。

家族の人たちの間では、もめ事も以前より多くなったようだ。それは大人同士で、兄弟や姉妹の間、大人と子どもの間などさまざまな形で表面化している。ごくささいな日常のことで、小言やイライラがほとんど毎日のように家庭内で生じている。そんなとき、子どもたちは大人たちばかりでなく自分自身にも失望感を感じていると同時に、大人が置かれた状況に大きな理解を示そうとする。そして、多くの子どもたちが、親や大人がいつまで悲しみに耐えることができるか、もし耐えられなかったらどうなるのかという不安を抱いている。

それ以外にもよく見られる子どもの反応パターンとして、両親が離婚をするのではないかとか、生き残った子どもだけでは生きていくだけの力がないのではないかといった不安な様子がある。そのほか、生き残った兄弟や姉妹の行動も気にしている。とくに、悲しみに対する対処が自分とかなり違うことに迷っている。その例として挙げられるのが以下の言葉である。

――僕の弟は、友達といつも一緒にいたがる。まるで、何もなかったように……本当は悲しい

——くせに……。

親たちの悲しみや無気力を要因とする家庭内でのもめ事は、家庭の雰囲気を変えてしまう。年上の姉や兄に幼い妹や弟の世話をしなければならないという責任感が高まり、親を慰めて自分が世話をするといったケースが多くなる。

家族の誰かが亡くなると、年上の子どもが弟や妹、そして大人までも慰める役割をすることになる。親たちが落ち込んで気力がなくなってしまったときなどは、幼い弟や妹の世話（ケア）をすることに大きな責任を感じてしまうのだ。そして、悲しみは「怒り」という形で処理されてしまうことになる。

身内を亡くしたことに対する悲しみの表現や考えていることの違いは、誰を亡くしたか（片親か両親か、兄弟・姉妹なのか）によって変わってくる。片親を亡くした子どもは、生きているもう一方の親がもし死んだら……と心配や不安を募らせてしまう。つまり、パパまたはママがこれからどうして生きていくのかという不安をもっているということだ。

亡くなった親がいつも模範的な存在だったという思いや、いつも守ってくれていたという思いが子どもたちの話のなかによく出てくる。子どもたちは、親が新しい境遇のなかで、改めて責任ある生き方をしようとする姿を複雑な思いで見ている。生き残った父親や母親が新しいパートナーを見つけたら、その後どうなるのだろうと考える子どももいる。

こんなとき、子どもは親から見放されたと思い、亡くなった片親が悲しんだり、忘れられたり、どうでもいいことになってしまうのでないかと悩む子どもが多い。

兄弟姉妹を亡くした親たちの悲しみは大きく、消失された気力を取り戻すのにはそれなりの時間がかかる。最初の数か月は親の悲しむ姿に胸を痛めている期間で、それは「もっともつらいときであった」と多くの子どもたちが言っている。しかし、時間が経っていくうちに、親たちの立ち直りが難しく、生き残った子どもたちを守れなかったときには、子どもたちの思いは「怒り」へと変わっていく。子どもたちは、亡くなった人たちを思う親の悲しみの気持ちのほうが、生き残った自分たちの喜びより大きいと受け止めてしまう場合があるのだ。

たくさんの子どもたちに共通している感情は、「一番よい子が逝っちゃった」と親が思っていて、自分が亡くなっていた場合には同じように悲しまないのではないかという疑念をもっていることだ。また、兄弟姉妹の一人が亡くなった家族における悲しみ方も複雑なものとなる。多くの子どもたちは、子どもを亡くして悲しんでいる親たちの姿を見るほうが、自らの兄弟姉妹を亡くした悲しみよりつらいと感じている。

子どもたちは、自分なりに、またはみんなで何とかして日常の生活を取り戻して強く生きていこうと考えている。そのために、二つの策が用意されている。

その一つは、親を亡くした子どもたちの場合、さまざまな難しい場面に出合ったとき、親は何と言っていただろうかと考える。たとえば、「ママはいつも学校の勉強が大切ですよと言っていたから、これから勉強を頑張っていくよ」と言う子どもが多い。親が願っていたこと、生き方や意義ある人生を全うしようとする努力の姿勢が見られ、亡くなった親たちの思いを満たしたいと願っているのだ。

もう一つは、兄弟姉妹を亡くした子どもたちの対処策である。この場合、今述べたような誰かの思いを満たそうとする気持ちはない。グループのミーティングにおいて見られたかぎりでは、子どもたち自身の悲しみへの対処の仕方や前途が容易なものではないように思われた。それだけに、親たちの悲しみを親たち自身がどのように対処していくかによって大きく変わってくるものと思われる。

私より悲しい

――私は、ママが私より悲しんでいるのを知っている。なぜなら、パパが亡くなったことは、ママと私では大きな違いがあるからです。ママはこれから、前よりずっとたくさんのことをやっていかなくてはならないのです。

――自分の子どもを亡くした両親は、私より悲しく大変なことだと思います。赤ちゃんのときから食事を与えたりして育ててきたのですから。

――家にいることが多くなりました。楽しむことはよくないと感じるのです。誰もそんなことを禁止しているわけではないのですが、ただそんなことはよくないと感じるのです。ただ何となく、もう少し悲しくしているべきだと思います。

――私の悲しみはかなり小さく、ほとんど真ん中の点のようにあまり目立たないのですが、とても深いところにある感じがします。

——私の心の半分以上は黒い悲しみで埋まっていて、誰が見ても悲しんでいるのがすぐ分かります。私の弟はあまり悲しんでいないのではないかとほかの人が思っているようなので、弟の心の中は黒でなく緑にしました。しかし、彼も本当は悲しんでいることを私やママはよく知っています。ママの心の悲しみは水色に囲まれた真ん中の丸い赤色で、これはママが喪《うしな》ったパパへの愛情です。水色には、私たち子どもがパパを喪った悲しみが込められています。

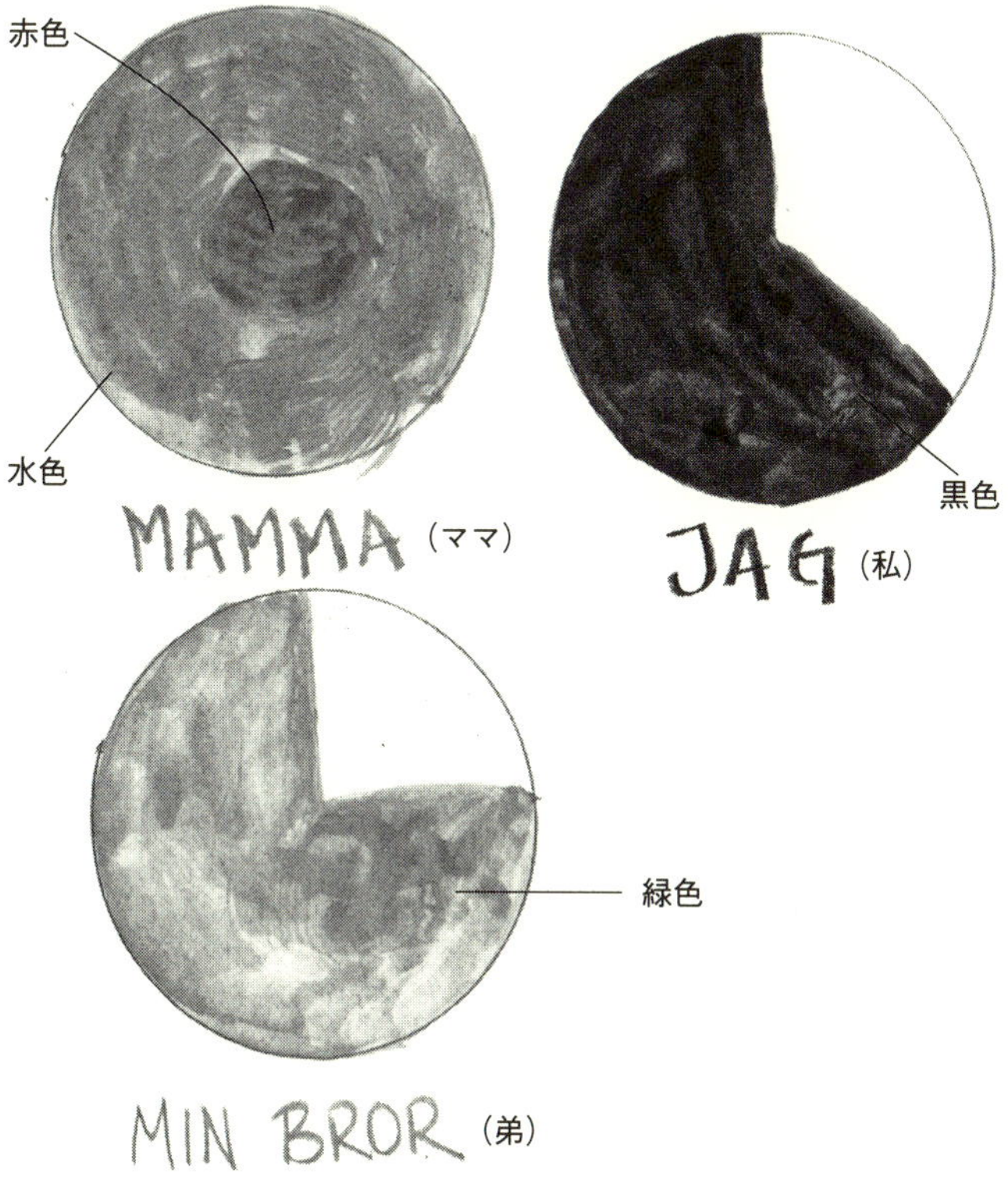

——みんながほとんど悲しみのなかにいて、それがさらにひどくなるのです。でも、ようやく最近になって、姉さんは本当に戻ってこないことを理解しはじめています。それでも、パパやママは悲しみにどっぷりと浸ってしまっているようなのです。

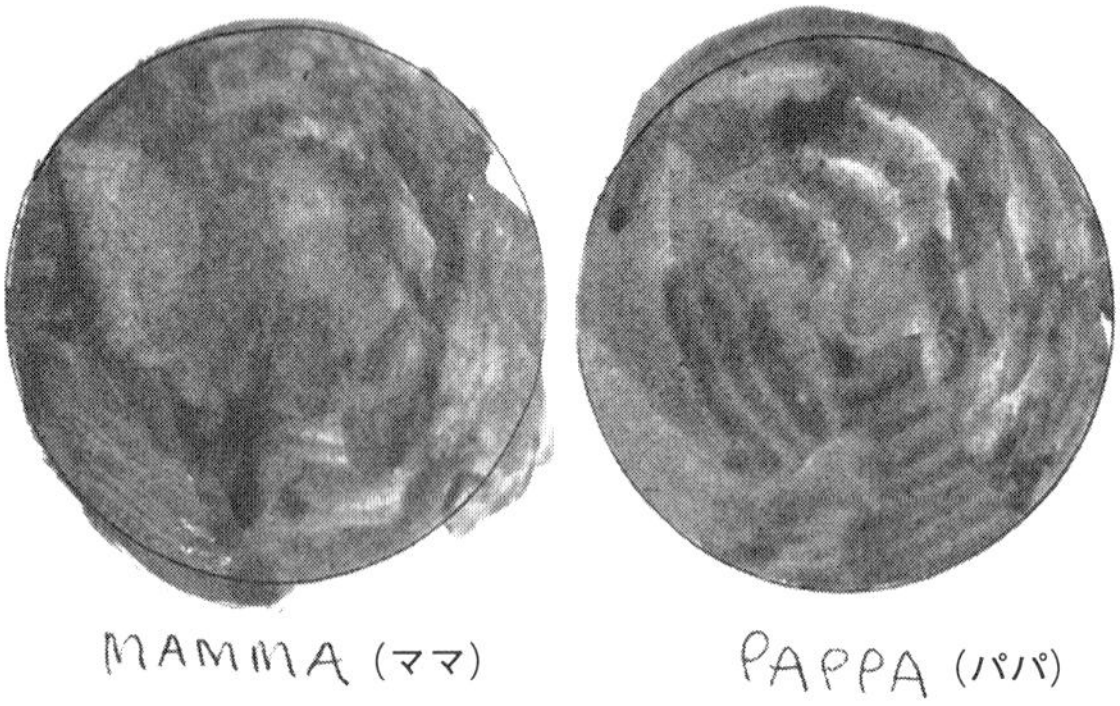

（訳者補記：三つの円は、すべて赤色で描かれている。）

みんなよくない

——家の人たちはみんな楽しくない。嫌になる。

——みんなが不満を言う。とくに、ママとパパだ。前は文句を言うことなんてなかったのに、今はしょっちゅうだ。

——ママは、僕たちが兄弟喧嘩などしないで、お互いに大切に思って仲よくして欲しいと願っている。それなのに、僕らはよく言い争って不仲になってしまう。

いつになったら自分らしく生きられるのか？

——両親は、私を前と同じように大切にしてくれています……。両親はすごく悲しんでいますが、私への愛情は変わっていません。しかし、ママは（亡くなった）彼らのことをいつも話します。いや、いつもではありません。でも、かなりしょっちゅうです。いや、ときどきまったく話さなくなるときもあります。でも、何かのきっかけで話しだしてしまうのです。

——私の両親は、もっとよい子を亡くしてしまった。

——私の両親は情けない。まったく自己中心的だ。私の妹がかわいそうだ。彼女はまだ小さいし、これから私がみんなの面倒を見ていくことになる。いつになったら、私は私らしく生きていくことができるのだろうか？　私は、今、疲れはじめている。

彼はいつも陽気だった

——パパはいつも明るく、常に何かをしていることが大好きだった。

——ママはしっかり者だった。若いときの学校の成績は全部トップだった。

——本当にそうだったのだ。みんなが彼女を好きだったと思う。ママは明るくてスマートだった。

——もし、ママとパパが生き残って、僕らが死んでいたら……。そんなことになったら無茶苦茶だ。ママが僕らより先に死ぬことは当たり前のことだから、もし、僕らが先に死んでいたら、ママはとうてい生きていくことができなかったはずだ。

——私たちのパパはみんなを愛し、私たちを誇りにしていました。パパが一番願っていたことは、私たちが元気で楽しくしていることでした。いつもそう言っていました。時には怒ることもありましたが、すごく明るいパパでした。

――ママは、なんでも優れていました。ほとんどパーフェクトでした。ですから、私はときどき自分がだらしないと思うときがあります。

不安になってくる

――ママは心配性になった。僕たちが決められた時間に帰ってこないと、ママは不安になってしまう。しょっちゅう、今どこにいるのかとケータイに電話をしてくる。友達の家に泊ったりすると、必ず泊る友達のお母さんに電話をしていろんなことを聞いたりする。前はそんなことをしなかった。まるで、ママは警告器（アラーム）を持っているような感じがする。

――私も、何か変なことが起こるのでないかとすごく不安になるのです。そして、ママによく電話をします。ママの帰宅が遅くなるとすごく心配になって、もし家族の誰かが死んだらどうしようかなんて考えてしまいます。もし、私たちにもしものことが起きたら、ママやパパは生きていくことができないでしょう。両親は本当に悲しんでいます。パパなんかは、いつか自殺してしまうのではないかと思うほどです。

——私も考えたことがあります。たとえば、ママやパパがこれ以上生きたくなくなってしまうのではないかって……。

——もしかして、家族の誰かが死んでしまうのではないかって……死んだ人たちの所に行きたくて……。

最初に、私に聞いて欲しかった

——私は彼女の物を全部残しておきたいのですが、そうはできません。でも、洋服などどうするのか、最初に私に聞いてもらいたかった。

——ある人がパパの洋服を着ているのを見たとき、私は気分が悪くなりました。

——パパの写真を一番見えそうな所にいつも飾ってあることが、私は嫌いです。私のことを考えてそうしてくれているのでしょうが、それを見て、いかにも微笑ましくするのがつらいのです。本当に悲しくなるのです。

——みんなは、私にママの日記を持っていなさいと言うのですが……でも、嫌なのです。それをどうしようというのでしょうか？

グループ・ミーティング　8

―テーマ：生きる道／悲しみ・思い出

時間通りに子どもたちが集まっている。私はキャンドルに火を灯し、子どもたちを迎え入れた。子どもたちは飲み物を持って座る。いつもの通り静かであるが、少し緊張した雰囲気が流れている。どうやら、何人かは早めに来て、ソファに座って友達と話をしていたようだ。目には見えない期待感を感じてしまう。

一人遅れてくるが、八人全員が集まるのは今回が初めてである。ただ、リーダーのビルギッタが今回だけは欠席した。代わりに、彼女のマスコットであるぬいぐるみをテーブルに置いた。テーブルに置いてあるぬいぐるみを、子どもたちが一人ひとり取ってゆく。何人かが取らなかったので、テーブルにぬいぐるみが置き去りになった。

私は、前回のミーティングのときにマティアス君本人から誕生日だったことを教えてもらったことや、今日はカレ君の誕生日なので、みんなで二人のお祝いをすることからはじめたいと話した。カレ君はうれしそうな顔をして、「明日、友達と一緒に誕生日を祝うことになっている」と言った。

その後、みんなが家族とどのように過ごしたのかについて順番に話してもらった。すると、エミル君以外の家族において、行方不明だった人たちの確認ができたということが分かった。前回のとき、まだ多くの家族が行方不明の状態だったのだ。

子どもたちは、先週何をしたかについて話し合っている。耳を傾けると、ジョセフィンさんが大変だった状況を話していた。

彼女の友達が、自分の知らない所で、彼女の身内が見つかって死亡確認がようやくできたなどと多くの友達に言っていたそうである。ジョセフィンさんは、とくに仲良しの友達がそんなことをしたことに不快感を感じたという。国語の時間に担当の先生がこのことを取り上げて、ジョセフィンさんが悲しんでいることや、みんなだけで話さないで直接彼女に話して欲しいということを、クラス全員に伝えたそうである。彼女は嫌な思いはしたが、今は気持ちが晴れたと言っている。

私はほかの子どもたちに、同じようなことがクラスや友達のなかで起きているのかと尋ねた。みんな静かにして何も言わなかったが、何人かが「ないです」と答えた。しかし、みんなの顔を一人ひとり見わたすと、何か引っかかるものを感じた。私はよくあることではないかと思い、子どもたちに次のように言った。

「多分、みなさんのお友達は、みなさんに何と言っていいのか、どうしていいのかという不安な気持ちをもっているように思います」

マティアス君は、大きなことがようやく片づいてほっとしたと言う。エミル君が、前回のミーティングに参加できなかったのは、身内の遺体が入った棺が飛行場に到着したので迎えに行ったため、と言った。つらいことだったが、無事に終わったと言う。そのほか、先週はウプサラに行って、ポップバンドのコンサートを聴いてきたとも言っていた。

カタリーナさんは、ちょっとした手術をしたそうだが元気な様子である。彼女は先週行われた追悼式に参加したそうで、セレモニーはよかったと言う。そして、カレ君は、自分の誕生日をみんなで祝ってもらい、そのほかはほとんど家にいてのんびりしていたと言った。

ルドビック君は、二回続けて欠席した理由を説明した。最初の回は、身内の遺体を迎えに飛行場に行ったためで、次の回は身体の調子が悪かったためということだった。彼はまた、牧師の所に行って葬式の件で話をしてきたとも言った。

ソフィエさんは、身体の調子がよくなく、特別に何もしなかったそうだ。今でもあまりよくないと言う。彼女が言うには、タイ旅行から帰ってきてからずっと身体の調子が悪いらしく、タイで飲んだ汚れた水によるものではないかと疑っていた。

グループを男女別の二グループに分けて、同じ質問をしてみた。

「あなたたちは、これから生きていくうえで、亡くした人たちとどのように向かいあっていきますか？　たとえば、みなさんのいちばん近くにいた母親に、どのように思いを寄せることができますか？」

私は女の子のグループのそばに座り、彼女らが話し合うのを聞いた。カタリーナさんは、亡くなった母親の部屋に入り、彼女の物が置いてある所に座っていると言う。

私　お母さんの部屋に座っていて、どんな気持ちがしますか？

カタリーナ　少し変な気持ちです。そんなにいい気持ちはしませんが、何となくママの物を見ていたいのです。

ソフィエさんも同じ経験をしていると言う。ジョセフィンさんも、いつも亡くなった家族のことを思いながら何かをやっていると言う。声を出して話したりはしないが、何をするのにも、ママならどうしたとか、どう言ったかと考えている。

カタリーナさんも同じだそうだ。彼女は、よく夢を見るとのことである。夢の中で起きることは全部、津波に遭遇する前のことなのだが、大きな波が襲いかかってきて自分以外の家族の人たちがみんないなくなってしまうことも夢の中で知っているようなので、彼女は過去と現在の時間帯に存在していることが分かる。夢の中で何が起こるかを知っていても何もせず、警告もしないらしい。

「彼女は天使が好きで、家にはたくさんのエンジェル人形があります。ですから、彼女は天使になっていると思います」

「私のママもそうです」

「ママは、この宇宙のどこかに別の世界があるといつも言っていました。この地球にだけに人間がいるはずがないってね。だから私は、ママはどこかにいて、私がいつか来ることを待っているはずです。それまで、ママの好きだった小さな森の妖精の人形を集めていると思います」（みんなが笑う）

「家族のみんなが、どこかで一緒にいると思います。そして、私が死んだらみんなに会えることができるのではないかと思っています。はっきりとは分かりませんが、そう思いたいし、そうであって欲しいと思っています」

男の子たちも話が進んでいるようだ。私は女の子のグループにいたので話の内容は分からなかったが、全員が話に参加していたようだ。あとで聞いたことだが、エミル君は夜になると、自分の部屋にある箪笥の上に置いてある家族全員が写っている写真のそばにキャンドルを置いて、火を灯しているという。

短い休憩をとったあとにヨハン君が入ってきた。エミル君が、今日は何をしていたのかについて説明した。ヨハン君は、先週の金曜日に追悼式をやったと抑揚のない口調で言った。五〇〇人もの多くの人が来てくれて、美しい聖歌や歌があってすごくよかったとのことである。いろんな人が、追悼式のすべての準備をしてくれたそうである。でも、「大変だった」とも言った。

休憩後も、「思い出」というテーマについて話を続けた。今度はよいこと、とくに旅行をしたときの一番よかったことを思い出して欲しいと提案した。みんながそれぞれのことを思い出したあとに、また二つのグループに分けることにした。

ジョセフィンさんは、みんなが集まって祝ったクリスマス・イブのときのことを語った。そしてマティアス君は、家族のみんなで魚料理のレストランに行ったことを話した。みんなスパイスの効いた料理をおいしそうに食べて楽しかったと言う。一方、エミル君は、楽しいことを思い出せないと言った。

ヨワン君の家族は津波の前日の遅くにホテルに到着したので、すぐにベッドに入って、次の日からはじまる家族との楽しみに期待を膨らませて休んだと言う。「それが、すごく心地よかった」とも言っていた。

カレ君の家族は、夕方になるとバンガローの前のテーブルに集まって、好きな飲み物を持ってみんなで楽しく話をしていたと言う。「すべてがパーフェクトだった」と、にこやかに言っていた。そしてソフィエさんは、両親のことを話した。パパとママが一緒にダイビングをしてきたときの満足した様子を思い出したと言う。

ひと通り話が終わったところで、みんなでソファに座った。「今日のミーティングで何か思ったことはないですか?」と聞くと、エミル君が「よい思い出を考えるのがすごく難しかった」と答えた。思っていたよりかなり難しかったようだ。ほかの子どもたちは何も言わなかった。

ミティーングの終盤では、考えていたより雰囲気が重くなってしまった。私の考えでは、嫌な出来事のなかで嫌なことを思い出すのではなく、何か希望になるようなことを思い出して終わりにしたかった。しかし、結果的には、一番楽しかったことが一番つらいことになったのかもしれない。

最後に、来週のミーティングのことを話して終わった。全員がもうすぐ来る夏休みに期待をふくまらせている。何人かがどこかに行くと言う。カタリーナさんは、親戚の所に行ってもう一度追悼式をやるとのこと。ヨワン君はサマーハウスのある田舎に、ルドビック君とソフィエさんは引っ越し、エミル君は毎日のスケジュールを組んで、何をしようかと計画を立てている。「そのときが一番よい」と言っていた。

子どもたちが、お互いに何でも話し合うようになってきたことはよいことである。子どもたちも前向きになってきている。今回はビルギッタが来られなかったので、両方のグループをしっかりと見ることはできなかったが、子どもたちのほうが自主的にそのことを感じとってくれていた。

私の知識、経験、意見よりも、子どもたち同士がお互いの交流や話し合いを深めながら、何かポジティブな感じを身に着けているようである。私たちが進めていこうとしたガイダンス通りに、子どもたちが話し合いや交流を深めてきている。これからも、どのようにしてこの状態を保っていくのかが重要である。

周り（環境）

子どもたちは、学校にいるときや余暇のときにかかわらず、ほかの人たちから悲しみに対する同情、反応、ご機嫌うかがいといったものに接している。それがゆえに子どもたちは、自分自身が考えた生き方と、「こうなるべき」という他人からの期待といった両方に配慮しなくてはならない状態に追い込まれてしまう。子どもたちの周りを取り巻く状況が多くの問題や悩みを生むことになるわけだが、それが時には子どもたちに対する支援になり、時には負担にもなる。

学校は子どもたちの日常生活の大切な場所であり、子どもたちは、まるで何もなかったかのようにできるだけ普通でいようと努力をしている。ある子どもが言っていた。

「私はどのように起きて、どのように学校に来ているのか、自分でははっきりと分かりませんが、とにかく私はいつも通りにしているのです」

学校に行くだけの気力をなくした子どもが何人かいるが、ほとんどの子どもたちはいつも通り学校に行き、放課後の活動もしている。それが彼らのフリーゾーンとなっている。新しい生き方をしなければならない彼らだが、フリーゾーンは何もなかったかのように振る舞える場所となっている。

ほとんどの子どもたちが、学校にいるほうが死んだ家族のことを考えないでいられるのでよいと言う。津波に遭う前の普通の生活に戻ることで子どもたちは安心感を感じ、これから生きていくための支援を受けている。それが証拠に、ほとんどの子どもたちが学校からよい支援をしてもらっていると感じている。学校の先生方も子どもたちと密に連絡をとっており、家庭訪問や静かな所で将来や学校のことについて相談をもちかけている。もちろん、遅れた勉強や宿題支援も行われていた。

学校を休まざるをえなかった日が多かった子どもたちには、授業についていけないという問題があった。これらの子どもたちをさらに複雑にしたのは、学校の友達や彼らを取り巻く大人たちとの関係である。日常生活のなかで、友達は重要な支えとなって

いる。しかし、実際に悲しみを抱えていない人たちは、時間が経てば（たとえば、半年ほど）特別な思いやりの気持ちや理解が薄らいでしまうという場合が多い。ほとんどの子どもが言っている。

「時間が経っちゃうとまるでみんな忘れてしまったようになり、私のことも普通だと思っている」

子どもたちは、自分たちが明るく振る舞っていないことや、楽しいことをしようとしないことに良心が咎めると言っている。

半年が経ってからの友達の変化について、子どもたちが話してくれた。変化とは、自分たちをよく理解してくれないことや、離れてしまったりした友達のことである。以下のように、分からないことがたくさんあると言う。

- 友達にやって欲しいこと、やって欲しくないこと。
- 自分のことをどうやって分かってもらえるのか。
- 友達に、自分の感じている気持ちをどのように伝えればいいのか。

何人かの子どもたちは、前の友達と仲よくできなくなったり、逆にすごく密接な関係になったりして、いろんな活動を増やして毎日を過ごしている。年末が近づくころになると考え方も少し変わってきて、友達とうまくいかなかったのは自らの努力不足で、自分が悪かったのではないかと思う子どももも少なからずいる。

「私はいつも疲れていて、誰も近くに来てくれない」

「楽しくしていたいと思っているのに、どうしたらそうなるのかが分からなくなってしまった」

気持ちが晴れるためには、悲しみからひと休みをし、今までしてきた好きなことをするのがよいと、私たち二人（リーダー）は適当な機会を見つけては強調してきた。そして、子どもたち自身が自分ことは自分で考え、自分の人生に責任をもち、自分なりの道を歩んでゆくことの重要性を子どもたちとともに話し合った。つまり、過去においては嫌なことが起きたが、これからの人生にはよいことがたくさんあると思うことである。

子どもたちは、楽しくてよかったことを見つける訓練をしてきた。楽しかったときはいつか、一緒にいて楽しかったのは誰か、どうしたらそれを繰り返すことができるのか、どのようにして自分自身や周りの人々の気持ちをよく理解することができるのか、自分が望んでいることは何か、支えを求めている気持ちをはっきりとした形にするにはどうしたらよいかなどについて、私たちは子どもたちと話し合った。

私はいつもの通り学校に行く

——朝が来るとただ起きる、ほかの人がそうするので……。

——朝が来て学校に行く。いつもやっていることがよいことだと思う。そしてママは、勉強をちゃんとやっていて欲しいと願っていた。

——前と同じように学校に行っている。勉強は、これからもしっかりとやっていこうと思う。これからも順調に行って欲しい。それが大切と、私の両親が思っていたことです。

——朝、ちゃんと起きて学校に行きます。ほとんどはそうです。友達といるときのほうが、あまりほかのことを考えずにいられるのでいいです。夜もよく眠れます。

——僕は、あまり物事に集中することができないときが多い。そんなときは、パパの友達であるおじさんの所に行って話をする。家でなくて、外に行ってそうすると、気持ちが晴れるんだ。僕の先生は何も分かっていないようだ。

——数学の試験がだめでした。自分では一生懸命やったのですが、どうしても回答ができなかったのです。机に座っていると、いろんなことを考えてしまいます。先生にお願いして再試験をしてもらい、二回目はうまくいきました。

——目が覚めると、いつも身体がだるいのです。すごく疲れを感じて、ベッドを離れたくないのです。学校にいるときは疲れを感じないし、友達といると楽しい。私は一人でいると悲しくなるので、一人でいたくない。だから、一人でいることはないんです。一人でいると、津波のときのことを思い出してすごく悲しくなります。

——友達といると楽しい。友達は、私が泣かなくなってきているので、もう悲しくないんだろうと思っています。でも、そんなことはありません。

——私は泣いている顔を人には見せません。少しおかしいのかもしれませんが、私はいつまでも泣いていませんでした。本当はすごく悲しいのですが、いつまでもそんな状態でいるわけにはいかないのです。

——学校にいるときは、そんなに悲しいと思うときはない。悲しくなると、友達がそれに気付く。そうなると、少しだけ悲しそうにする。もし、友達が僕の本当の気持ちを知ったら、たぶん恐ろしいと思うだろう。

——学校にいるとかなり忘れている。何も感じなく、普通の人になっている。

私の気持ち

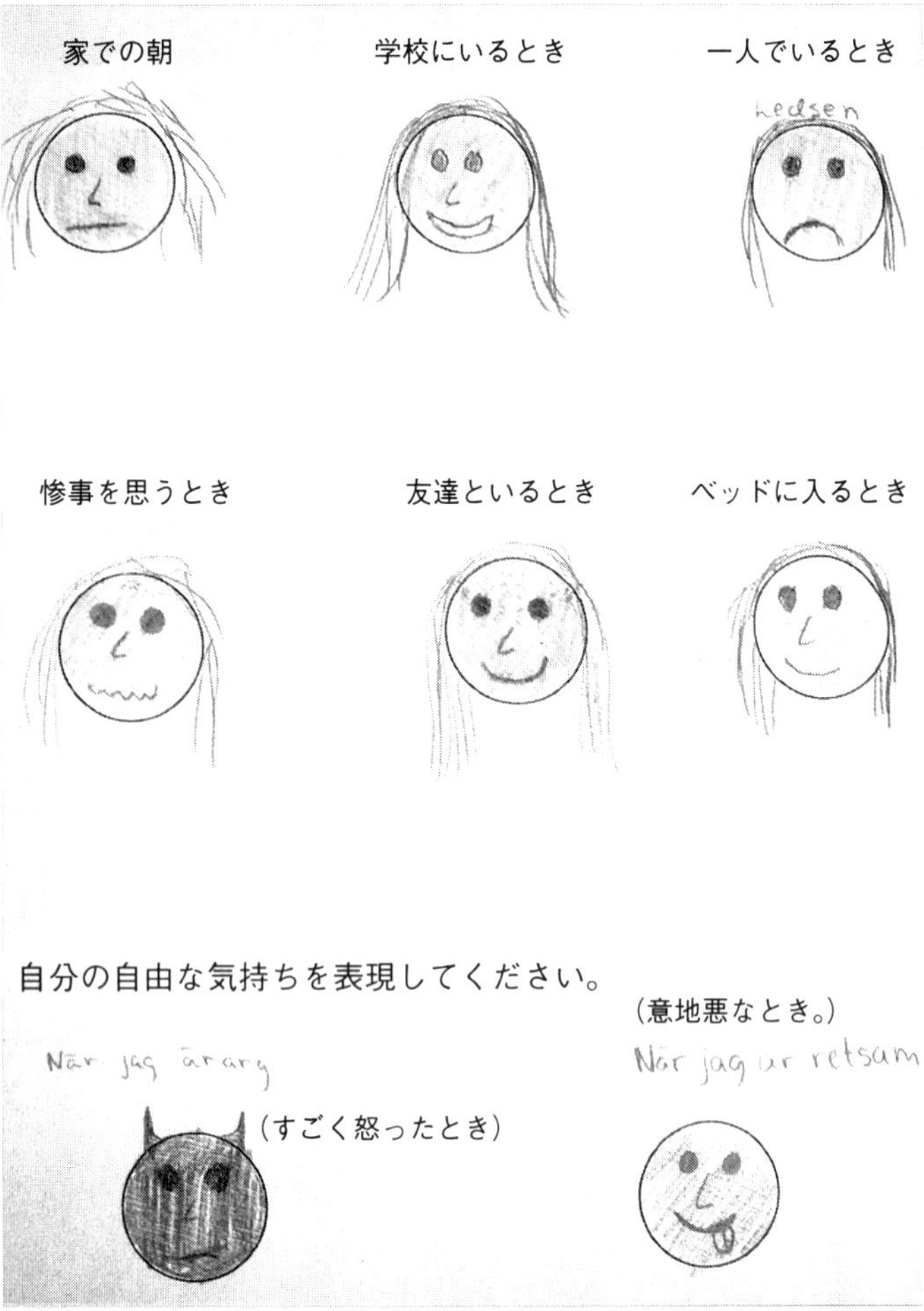
家での朝
学校にいるとき
一人でいるとき
ledsen
惨事を思うとき
友達といるとき
ベッドに入るとき
自分の自由な気持ちを表現してください。
(意地悪なとき。)
När jag är arg
(すごく怒ったとき)
När jag är retsam

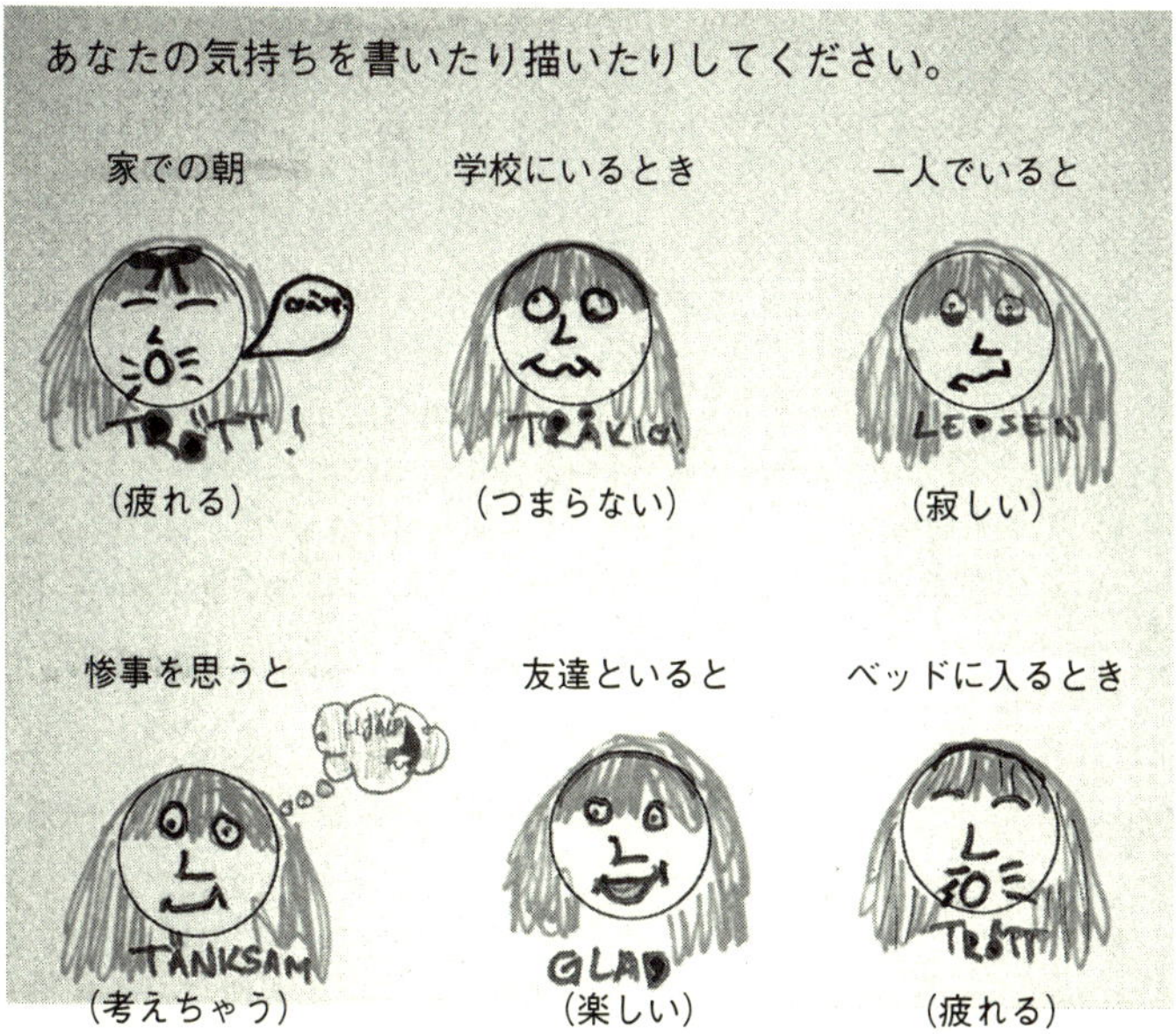
あなたの気持ちを書いたり描いたりしてください。
家での朝
学校にいるとき
一人でいると
TRÖTT!
TRÅKIG
LEDSEN
（疲れる）
（つまらない）
（寂しい）
惨事を思うと
友達といると
ベッドに入るとき
TANKSAM
GLAD
TRÖTT
（考えちゃう）
（楽しい）
（疲れる）

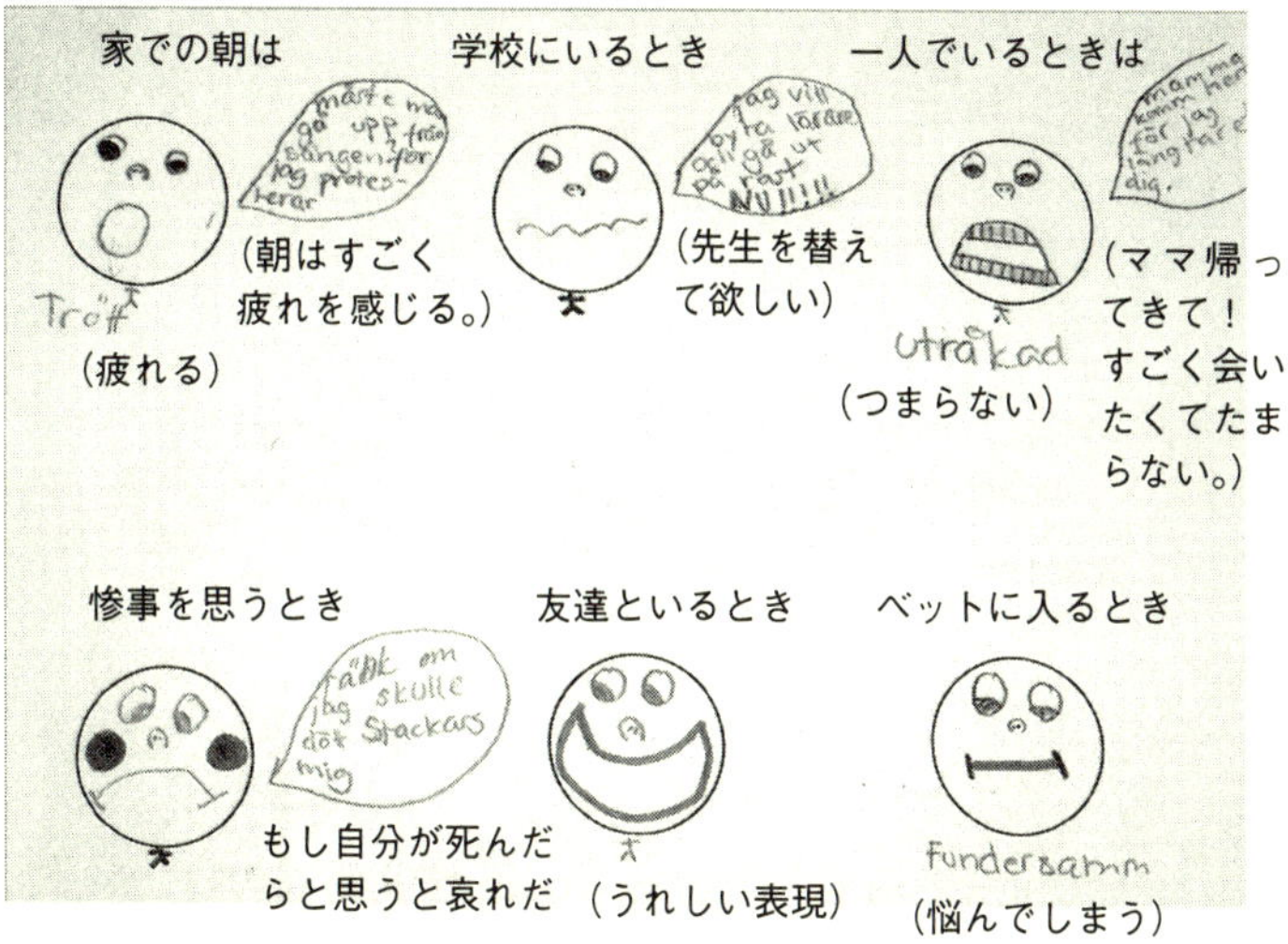
家での朝は
学校にいるとき
一人でいるときは
（朝はすごく疲れを感じる。）
Trött
（疲れる）
（先生を替えて欲しい）
Jag vill byta lärare och gå ut på rast NU!!!!
（ママ帰ってきて！すごく会いたくてたまらない。）
utråkad
（つまらない）
惨事を思うとき
友達といるとき
ベットに入るとき
skulle
Stackars
mig
もし自分が死んだらと思うと哀れだ
（うれしい表現）
Fundersamm
（悩んでしまう）

誰も、何も言わない

――ほかの人が何を言ったらよいのか、その難しそうな様子がよく分かります。逆の立場になったら、同じようになるでしょう。でも、今はしょうがないのです。今私は、本当の気持ち（現実）を体験しているのです。

――誰も、私に何を言ってよいか分からないでいます。でも私は、みんなが私のことについて、あの子は津波に遭って身内の人が亡くなったのよ、と言っていることを知っています。私はたくさんの噂を聞きましたが、その多くが正しくないものでした。

――私も波に巻き込まれたという噂を聞きましたが、それはまったく違います。そして、誰もそれについて聞こうとはしません。誰も、私の気持ちや、悲しいかどうかなどを聞いたりしようとはしないのです。

――みんなは、私に何かを聞こうとはしません。たぶん、何かを聞くことによって、関係が悪くしてしまうのではないかと思っているのでしょう。それでみんなは、弟はもう死んでおり、生きているはずがないといった本音を言いません。

――僕は、あの出来事のことを知らない人たちと一緒にいるのが一番いい。彼らは、僕が変わったことなどはまったく知らないからだ。前からの友達のなかには何も言わなくなった人もいて、たぶん何か言いたいのだろうが、僕の話を聞こうともしない。

「よく分かっている」と、人は言う

――人は（あなたの気持は）よく分かると言うが、まったく分かってなんていない。本当にたくさんの人がそのように言う。どうして、そんなことが言えるのか不思議だ。

――たくさんの人が、よく分かるというが全然分かっていない。分かっているというのだが、本当になんて分かるはずがない。どうして、ほかの人が分かるのか不思議だ。

――本当にまじめに話して欲しいです。それでないと、悲しみが増すばかりです。友達と話をするのはいいのですが、それでもよく分かってもらえないことが多いのです。

もう少し悲しむべきなのか？

——何人かの友達が、今の気持ちはどうかと聞いてくる。その友達は、もし自分の家族の誰かが死んだらすごく大変だと思っている。

——ある友達が言った。君はいつも朗らかにしているんじゃないか。もし、僕のママが死んだとしたら、僕はそりゃすごく悲しむよ。

——ほかの人は勝手にいろんなことを思っているよ。悲しんでばかりいては何にもよくならないし、何もできない。いつまでも泣いてばかりいることはできない。普通に戻らなくてはならない。

少しはよくなってきた

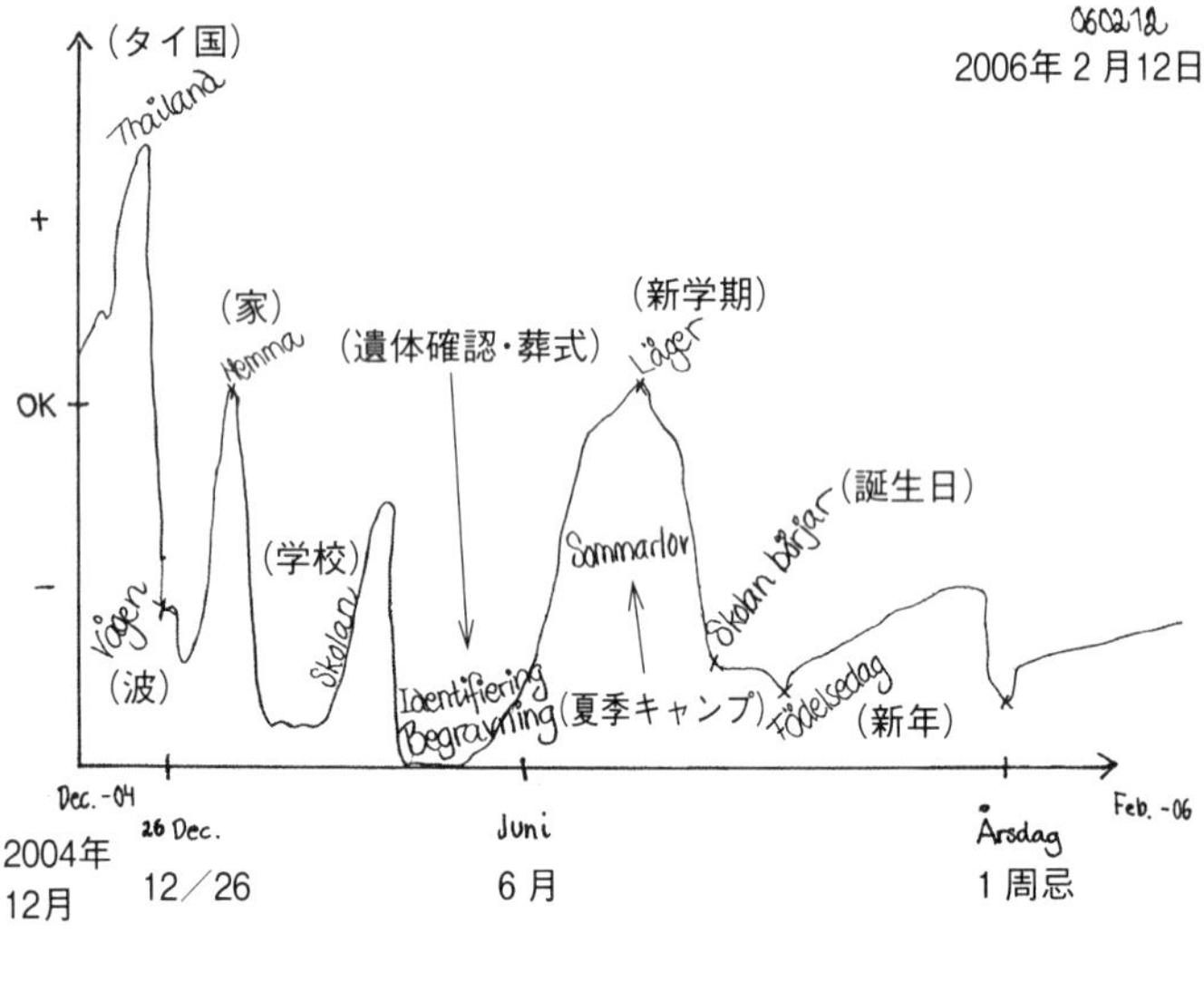

楽しいことをする

――何か楽しいことをしたいときにはパーティーをします。

――音楽を聴きます。

――音楽を聴いていると、エネルギーが湧いてくる。

――練習（運動）をしていると気持ちが晴れる。前と同じ感じがする。

――楽しいことをします。でも、ただ親切心で誘ってもらいたくないのです。今はパーティーに行く気分にはなれないのです。

――家にいて、悲しい気持ちで泣くことで気が楽になることもある。家では、ほかの誰かが悲しんでいるが、いつも悲しんでいるわけではない。家では悲しまないように努力している。楽しそうにしようと思って家に帰ってきて、ほかの者が悲しみにふけっているのを見るとつらくなる。そんなときは、ゲームをして気を紛らわせている。僕は悲しくなるといつもゲームをする。そうすると、気が晴れるんだ。

――僕はできるだけ家にいないようにしている。友達といつも一緒にいたいんだ。

――私はいつも何かをしていたいのです。思いにふけっていたくないのです。私は長い休みは嫌いです。長い休みは何かを考えるにはよいかもしれませんが、でも長すぎるのは……よく分かりません……。

もう何も気にしない

――今、何が起きても気にしない。ロンドンの爆破事件、この前の暴風雨のことなど、誰も話題にしようとはしない。

――私は、今のほうが悪くなってきているのではないかと思います。なぜなら、みんな、あの出来事は終わったことで話したくないと思っているからです。学校では津波という言葉が禁止されているようにも思えます。

――以前、あのことが起きた直後は、自分が何か特別な感じがしました。何事についても特別扱いをされ、みんなが優しく、よく気を遣ってくれました。今は誰もそんなことはしません。みんなのなかの一人になったのです。みんな、あのことはすでに忘れてしまっています。前と同じになったのです。

――あのことは、ずっと前のことのように思えることがときどきあったり、逆に、まるでこの前に起きた出来事と思うときもあります。私の友達のなかには、よく私の気持ちを分かっていない人がいます。友達のなかには、あの出来事からだいぶ時間が経ったので、私はもう悲しんではいないとか、悲しむべきではないと思っている人もいます。

――もう泣いていないのを見て、私の悲しみがなくなったのだと思う人が多いです。

――今のほうが悪くなったのではないかと思っている。人はあれから一年経ったのだから、もう何も考えていないのではと思っている。涙を見せないと、誰も何も言ってこない。

グループ・ミーティング　14

―テーマ：市の中心部にある王様公園での慰霊祭

ストックホルム市の中央部にある王様公園（Kungsträdgården）で、津波被害者に対する市民慰霊祭が開催されるという情報が入った。私たちはいつものミーティングをやめて、みんなと一緒にそれに参加するか否かを話し合い、行きたくない人はビルギッタか私と一緒に部屋に残ることにした。

ミーティングの初めに、慰霊祭が催されるということを子どもたちに話した。何人かの子どもはこのことをすでに知っていたが、ほかの子どもたちにとっては初耳であった。参加するかしないかの決断はあとに回して、先週、みんなが何をやって過ごしたかを聞いた。つまり、楽しかったこと、つらかったこと、何か変わったことはなかったかなどを聞いたわけである。

ソフィエさんは学校で試験があり、思っていたよりよい結果だったと言う。彼女は、集中することが難しかったとも言っていた。ほかの子どもたちも、学校を中心とした出来事を話したが、何人かが家庭内でのいざこざについて話した。

自分の家庭事情のことを話してくるのは初めてである。この傾向は、グループのなかに信頼関係が生まれだした証でもあり、今ようやく、すごくつらいことや深い心の内をほかの人に話すことができるようになったと感じた。そして私たちは、家族の誰かが亡くなった家庭において、なぜいざこざが起きるのかについて話し合った。

王様公園（撮影：谷沢英夫）

しばらく経ってから、最初に説明した慰霊祭への参加について話し合った。最初、マティアス君だけが不参加を望んだが、ビルギッタと一緒に残って何をするかという相談をしているうちに気持ちが変わり、結局、彼も参加することになった。とはいえ、途中で気分が悪くなったらここに戻ってくることにした。

バスで王様公園に向かった。みんなと一緒に外に出るのは初めてで、まるで遠足のような感じがした。王様公園の池の周りを囲むようにして、五四四個の白いキャンドルが灯されていた。キャンドルの一本一本が、津波で亡くなった人々や行方不明のままとなっている人々を象徴している。

池の縁で一人の男性がギターを奏でており、その音楽がスピーカーから静かに流れている。池の周りに集まった多くの人たちが、キャンドルに灯された明かりを無言で見つめている。太陽が輝いているのに、もの静かな雰囲気が池の周りに漂っていた。

私たちは一列になって、池を見わたす石の階段に並んで座った。みんな、何も言わずにただ静かに座っている。二〇分ほどがすぎたとき、何人かが涙を拭いた。みんな、一人だけの世界に入り込んでいた。

一人が陽の当たっている場所に移動しはじめると、ほかのみんなも同じく動きだし、一人ひとりがキャンドルを持って池の縁に下りていった。ビルギッタと私は階段に残って、子どもたちがキャンドルに火を灯す姿を見つめた。胸が詰まる……涙が止まらない。そのとき、ソフィエさんが足を滑らせて両足が池の中に入ってしまった。緊張感が漂うなかで笑いが起きた。

「すごくよかった、本当に来てよかった。みんなと一緒に何かをやるというのはいいね。またいつか、みんなと外に出て、芝生に座って何かをやらない？」とヨハン君が提案したところ、カタリーナさんがすぐに賛成した。

ここで解散することにしたが、マティアス君がジョセフィンさんに「はじめよう！」と言った。彼女には何のことか分からない。肩をつっつくように彼女にぶつけて、マチアス君が「ラウンド（輪）！」と言う。全員がお互いの手を結んで輪になり、「Hej do!《ヘイ・ドォ》（それじゃまた！）」と言って解散した。

儀式

犠牲者を追悼するさまざまな儀式は、子どもたちの日常生活に影響を与えた。とくに、グループでの活動がはじまった最初の半年間での影響には著しいものがあった。儀式に関しての話し合いは、私たちリーダーがすすめたわけではなく、子どもたちが自然にイニシアチブをとって決めたテーマである。

子どもたちがソファに座って、過去の何週間かの出来事を話し合っているうちに、自然と死体確認とか葬式、そしてさまざまな追悼式などの話が話題となって出てきた。最初のころは、お互いに遠慮しながら振る舞っていたが、同じ場所に集まり、何かを分かちあえるようになり、同じような経験をしたという共通点を感じとったのであろう。また、全員が実際に悲しみを経験していることが、初対面の子どもたちの心を開かせたのであろう。

グループによる支援活動がはじまった最初のころは、子どもたちの家族の誰かがまだ行方不明の状態であった。春ごろになって、遺体確認に関することや、飛行場に行って母親、父親、兄弟、姉妹をどのように迎えるかなどが主な話題となっていった。

遺体の確認が行われる前や、遺体がスウェーデンに空輸される前にもさまざまな追悼式が企画されている。それは、個人的なものから公的なもの、たとえば学校や職場で行われたものもある。それらの追悼式には、生き残った家族が参加したのもあれば、そうでないものもある。

最初のころ、スウェーデンでは追悼式をしなければならないという想いが強かったと思われる。それは多分、津波による被害者が多数おり、「実際に死亡者もいた」ということを人々が現実視しようとしていたからであろう。

このときの津波による惨事は、国家的な出来事としての性格を帯び、メディアの取り扱いも大きかった。それだけに、被害を受けた家族に提供されたさまざまな追悼式は、被害者家族や子どもたちに大きな影響を与えることになった。

子どもたちがグループによる活動に参加している間に、行方不明のままだった多くの身内の遺体が発見され、確認がされたのちに葬式が執り行われている。葬式の手続きや準備に最初の段階から参加した子どもも何人かいるし、子どもは参加せず、大人だけで行われた場合もあった。

自分たちの望んでいた形で追悼式をやって欲しかった、と不満を述べる子どもたちもいた。なかには、家族が望んでいた家庭的な形ではなく、公的な形になってしまった場合もある。家族だけの平穏な追悼式を望む人たちと、悲しみを分かちあいたいと思う多くの人たちの気持ちを考えると、その間には、目には見えない葛藤があったと思われる。

誕生日やほかのお祝い事、たとえばクリスマスやイースター祭のときなどだが、各家族での思いや望みはさまざまなものであった。ある家族では、以前と同じように祝うことを大切にしていたが、祝い事が近くなるほど悲しみが深くなったという家族もいる。

子どもたちは、この摩擦と不和の感情を語っている。家庭でやった祝い事は何だったのか、自分が満足できる祝い事は何なのか、自分に今、何がいちばん必要・重要なんだろうか、といった疑問が子どもたちから出ている。

子どもたちの家族のなかでは、どの日をもっとも大切な日にしようかと迷っているようだ。津波が起きた日にしようか、遺体の確認がされた日にしようか、飛行場に遺体を迎えに行った日にしようか、などである。

多くの家庭では、亡くなった身内の誕生日や名前の日(1)などのお祝いは続けることにしている。毎日の生活のなかでも、何らかの形で亡くなった身内を想い、多くの子どもたちがその写真の前にキャンドルを灯したりしている。一日のある時間帯や好きな場所を選んで、故人を偲んでいるのだ。

(1)　スウェーデンには、カレンダーの日付のほかに名前の日付がある。例：5月20日＝Carola。

ママ（カラー口絵を参照）

たくさんの人が……

――タイから帰ってきてからすぐ、学校では追悼の会が行われた。それはまるでお葬式のようで、多くの人が涙を流していた。でも、そのときはまだ僕の家族は行方不明という状態だったので、自分はなんだか変な感じがした。

――飛行場に遺体を迎えに行ったとき、たくさんの人が来てくれて、私の家族の悲しみを分かちあってくれました。私はあまり神を信じてはいませんが、女性の牧師さんが来ていて、彼女のお話はすごくよかったです。たくさんのスウェーデン国旗が風になびいていて、すごく厳粛的でした。

――私は、飛行場に行くかどうかをまだ決めていません。大人ばかりが来るので、嫌な感じがしています。そして、みんな悲しむのです、大人のみんながすごく悲しむのです。

――私以外の人たちが棺を運びました。それにストレスを感じました。大人は、棺のそばに長くいても嫌な気持ちやストレスは感じないよ、と言っていましたが、私はずっとそばにいたいと思っていたのです。しかし、そのうちそうは思わなくなりました。

――自分は、多くの人が飛行場に行くことが理解できません。なぜ、見たこともない知らない人たちが来るのでしょうか？　まるで、誰が死んでもよかった、というような感じがしてしまうのです！

――学校に行くと、半旗が掲げられていました。それを見たら、思わず学校から帰りたくなりました。

――教会は人でいっぱいでした。私は、なぜこんなにもたくさんの人が来るのかと不思議に思いました。いちばん嫌いな先生がいる前で、涙を見せて泣いたときは変な気持ちでした。

――約六〇〇人もの人が来たんですよ。でも、そのときほど独りぼっちと感じたことはなかったです。

前とは違う

――今年のクリスマスは、家族だけで祝うことをほかの家族の者が決めた。親戚の人の訪問も断った。すべてのことから離れるためであった。でも、自分はたくさんの人といるほうがよいと思った。

――クリスマスは、いつもの通りにやってもらいたかった。でも、誰もそんなことができるとは思っていなかった。家族のほかの人たちはアドヴェント（降臨節）のキャンドルを灯したり、クリスマスのカーテンに交換することをやめた。

――私はいつもの通りクリスマスの飾りをしたかったのですが、ママにはそんな気持ちがなかったようです。

一周忌を前にして

――僕は何をするのか分からない。みんなでスカンセン公園に行くかもしれない。

――特別なことはしないはずです。いつもの日と同じように過ごすと思います。

――私は、ほかのことを考えることにします。

――その日は大変つらい日になると思いますが、普通の日のように過ごそうと思います。

――早く終わって欲しいです。一年がすぎたのだから、気持ちが落ち着いて欲しいです。そして、よくなって欲しいです。

――あんなことがなくて、ママに戻ってきて欲しいです。

Inte jobbigt och
Inte jätte sorgset.

そんなにつらくなく、そんなに悲しくなく（がんばろう）
（カラー口絵を参照）

一周忌はつらい

――ママは、一周忌を迎えたことを私たちと話したがらないです。一年がすぎたことを、何か特別な日にしたくないのです。でも、私はあの津波が来た日はやはり何か特別な感じがします。

――私は、一周忌がこんなにもつらくなるとは思っていませんでした。彼（パパ）の誕生日のときは思ったよりつらくなかったのに……。ベットに入っても眠れなく、大波が襲ってきたことなどを思い出していました。

――一周忌は思っていたよりつらいものでした。少しおかしいかもしれませんが、この日が来ることを待っていました。それが、その日になると大きなつらさがどっと覆い被さってきて、今は寂しさでいっぱいです。

――私たちは、特別何もしませんでした。その理由は、どの日に区切りを付けるかがはっきりしなかったからです。津波に襲われた日にしようか、遺体が見つかった日にしようか、それとも、スウェーデンに戻って来た日にしようか、葬式をした日にしようか、はっきりと決めることができなかったのです。私たち家族は誕生日のほうが重要な日と思っていますが、それもすごくつらい日になりましたので、はっきり言って自分でも分からないんです……。

再会

グループにおける活動は合計二五回をもって終了したが、子どもたちの希望によって、震災から一年半経ったころにみんなと再会することにした。私たちリーダーは、その日の数日前に確認のメールを全員に送ったところ、カレ君からは欠席の通知が届いた。

キャンドルが灯っている。みんな、飲み物を持っていつもの通りソファに集まった。リーダーのビルギッタと私は子どもたちのことを案じていたので、彼らと久しぶりに会えることを楽しみにしていた。

再会の目的は、みんなと会って、その後の様子やこれからのことを聞いたり、話し合うことであった。私たちは一応、この日にやるべきことを準備してきたが、子どもたちが望むことを中心にしてこの時間を費やすことにした。

いつもそうだったように、マティアス君が話の口火を切った。彼は、ジョセフィンさんから連絡があり、彼女が少し遅れてくることをみんなに伝えた。

　子どもたちはグループによる活動が終了したあとも、お互いに連絡を取りあっていたようだ。彼らは時間と場所を決めて、月に一度のペースで会っていたという。これまでに三回ほど会い、一回目のときはカタリーナさんが旅行のために来られなかったが、ほかのみんなは揃っていた。そして三回目は、マティアス君とソフィアさんだけで、ほかの人は来なかったようである。

「先生がいなくてもうまくいったよ。僕らは映画を観に行ったり散歩をして、食事も一緒にしました」

　少し遅れてカタリーナさんが来た。マティアス君が笑顔で迎え、「先週の、みんなでの集まりのとき、どうして来なかったの？」と聞いた。彼女は、今日のミーティングのことと勘違いしていたようだ。次回からはメールで確認しあうことにした。

　まだ来ていない人にメールをしているときにジョセフィンさんが来て、カタリーナさんがヨハン君に連絡をとったところ、彼は急いで来るということだった。

　二月の末に終了したグループによる活動以後のことや、今の状況を話してもらうことにした。カタリーナさんからはじめてもらった。

「私は、あのぐらいの回数でグループによる活動が終了してよかったと思っています。あれから、あまり考えなくなりました。学校のほうも問題なく、うまくいっています」

彼女は卒業に向けて一生懸命がんばっているようだ。友達との付き合いやパーティーもあって夜遅くなることもあり、疲れるときもあるようだが、いつも楽しいとのことである。今は、ときどきアルバイトをしたり、運動もしているとのことである。ほとんどはうまくいっているようだが、時にはすごく寂しさを感じているようだ。

「いちばん楽しいのは運動をしているときです。このときは、まったく何も考えないでいられます。しかし、心理カウンセラーの先生は、考えるのをあえて避けるのはよくないと言います。でも私は、考えるときはちゃんと考えています」

次は、マティアス君の話である。

「僕は、みんなやグループによる活動が懐かしいです。最近はそうでもないですが、多分、学校の勉強がきつくなってきているし……卒業しなくてはならないし……。卒業したら兵役サービス(1)に行こうと思っています。これからやることがたくさんあって大変ですが、がんばりたいです。入隊検査に合格したらすごくうれしい。すごくきついタフな訓練だと聞いていますが、兵役に就きたいのです」

マティアス君が話しているときにヨハン君が入ってきた。息を切らして入ってきた彼を、みんなが笑顔で迎えた。ヨハン君も、卒業に向かって学校の勉強をがんばっているとのことだった。これまでは大変きつかったが、現在はうまくいっているようである。

ヨハン君が来たためちょっとおしゃべりの中断があったが、マティアス君が話を続けてくれた。

「ここに向かってくるとき、みんなと会ったのがずいぶん前のことのように思えたけど、こうやってまた集まってみるとそうでもないね。全員参加でなくて少し残念だけど、今日、ここに来てよかったです。でも、これからは来なくてもいいかな、とも思います。なんだか、アップダウンの変化があるんです。今は心理カウンセラーの所に行っていませんが、もしかしたらこの先、いつかまた相談をするために行くかもしれません……」

ヨハン君の家庭での様子もよくなってきているようだが、時にはどうしようもないことがあるという。次に、ジョセフィンさんが話した。

「私の場合、まったくよくないんです。前よりずっとよくないのです。みんなと会うことが嫌な

(1)　スウェーデンでは、二〇〇九年まで男子に徴兵制度が課させられていたが、平和な状況下となった今は、一八歳以上の男女に対して、任意的（志願）兵役制度を二〇一〇年から採用している。

ときもありましたが、ここに来ることが恋しくもなります」

このように言いはじめた彼女は、しばらく黙り、それからまた話を進めた。

「私はほとんど家に一人でいて、寂しくしています。私たちには、以前から家族が相談していた心理カウンセラーがいて、その人はうちの家族のことをよく知っているのですが、パパが私に一人で話に行きなさいと言うのです」

ジョセフィンさんは悲しそうに話している。ほかの子どもたちはというと、彼女をじっと見つめていた。ほかの子どもたちが精神的に安定して、将来が明るくなってポジティブ趣向の話をしているなかで、ネガティブな話をすることには勇気がいる。


彼女の話が契機になって、ほかの子どもたちの「よかった」ことや「嫌だった」ことへと話題が広がっていった。さらに、パートナーを喪《うしな》った母親や父親が、新しいパートナーを見つけたらどうしょうかなどの話まですることになった。

「新しい人なんて、好きになれるわけがないよ」と、誰かがきっぱりと言った。

親について話したあと、自分たちの将来のことや今後の計画についての話題へと移った。カタリーナさんは、今年の秋か来年の春に外国で勉強をはじめるという。

「多分、この秋になると思います。少し心配ですが、楽しみにしています」

誰も知らない所で、一人で生活ができることを楽しみにしているようだ。前は一人で家にいることが多かったのに、今はほとんど誰かと一緒にいて、家に一人でいたことは一、二回だったと言う。

「これからの計画はどうするの?」

目標をもたないことはよくないと思っているマティアス君がカタリーナさんに聞いた。

「私は、そんな長い先の計画は立てていません。将来、何になるかと考えたことはありますが、まだ分かりません。それと、今慌てて目標を立てると、逆にストレスがたまって悪くなると思っています。これからはじまることを経験してから決めることにして、今はあまり考えず、まずは今やるべきことをちゃんとやるつもりです。でも、将来の目標を決めている人はうらやましいと思います」

このように話したあと、次のように言葉を続けている。

「私はみんなより年齢が下だからこのまま学校に行くことになりますが、夏休みを楽しみにしています。夏には、コンフィルマション（堅信礼）キャンプに行くことになっています。それと多分、アメリカにも行くかもしれません」

一方、大学への進学を目指しているヨハン君は、入学できるかどうかはまだ分からないそうだが、次のように言っていた。

「もし、入学できたら、一〜二学期間（一年）だけ勉強して、在学資格を残したままほかのことをするために休学してもよいと思っている。この夏には、イタリア旅行も考えている」

最後に、三枚のメモ用紙をみんなに配り、将来に向けたメッセージをほかの人に向けて書いてもらうことにした。みんなこのアイデアに賛同してくれたが、みんなが書いたものは、簡単な言葉では終わらない深い意味を含んだかなり長いものとなった。

書いたあと、それぞれに自分の書いたことを声に出して読んでもらった。朗読中に胸がいっぱいになり、声が詰まってしまった子どももいたが、そんなときは私がそばに行って代わりに読んでやったり、補助的な表現を行った。

「これはすごい贈りものです。大切にとっておきます」

「僕にとって君は、このグループですごく大切な友達となりました。君は失ったものがあれだけ多いのに力強いです。僕は絶望的になったとき、いつも君のことを見習いたいと思っています。がんばってください！」

「あなたは、どんなことでも勇気をもって語ってくれました。これからも続けて欲しい。あなたには、これからやりたいことがたくさんあります。大人に向かって成長することで、自分の生きたい道が見つかるでしょう」

「自分らしく生きてください。そして、その時々を大切にしてください」

この最後のメモ書きは、思っていたよりもよい結果となったが、正直なところ重い感じもした。前向きな子どももがいる一方で、まだつらさが残っており、今現在も自らとの闘いをしている子どもがいる。しかし、悲しみは、今でもみんなの胸のなかにあるのだ。

子どもたちが書いたお互いへの励ましの言葉には胸を打たれた。今まで子どもたちが一緒にやったこと、話したこと、思ったことが、私たちリーダーの指示なしで自由に表現をしたのだ。その素晴らしい多くの言葉が、お互いの未来に投げかけられたわけである。

子どもたちが帰っていったあと、リーダーとしての役割りを果たした私たち二人は、ソファに沈むように深く座り、これまでのことを振り返った。ようやく終わったという満足した気持ちと同時に、少し意気消沈したかなとも思う。そしてこれが、グループの最後の活動となった。

第Ⅱ部

グループによる支援活動に参加したい理由

マリアン・ストラウメ（Mariane Straume）

（この論文はノルウェー語で書かれたものを Kristin Bahri 氏がスウェーデン語に翻訳した）

――ママが言っていた。私はよく考えているって。

――ほかの人の話や経験をよく聞いて、支えてもらいなさい。

――私は理解してもらえている。

――あの出来事でのことでつらくなったら、私はまたグループによる支援活動を行って欲しい。

悲惨な体験をしたグループによる活動

高学年の子どもたちが体験した生命の危険や身内を失うような惨事は、これからの人生のすべてにおいてさまざまな影響を及ぼすことになる。大津波のような悲惨な出来事が起きたあと、子どもたちをいかにして立ち直らせるのか、また経験したことと融合してゆくためには大人の支えや思いやり、そして模範となる姿勢が必要となる。

さまざまな臨床研究で証明されているように、子どもたちの想いはそれぞれ異なっているために特別な反応を示すことが多い。しかし一般的には、このことが潜在意識のなかに宿り、トラウマ化していくという知識が欠けている。子どもの親たちも大きな打撃を受けており、どのようにして自分の子どもをベストな形で支えていけばよいのかという術《すべ》をもっていない。

子どもたちは大人の支援を必要としているのだが、子ども自身から支援を求めることはめったにない。家族の誰かを亡くした子どもたちへの介入にすすめられるもっとも効果的な対応が、グループによる活動である（原注1）。トラウマとなった出来事に遭遇した子どもたちにとっても、グループによる活動は適切な形で受け入れることのできる手段となる（原注2）

グループ介入の効果に関しての研究は数が少なく、不明確な点もあるが、多くのテラピストや関連領域に従事する人たちは、悲惨な出来事に遭遇した子どもたちの対応としてこの介入方法を採用している。(原注3)事実、グループによる活動には多くの利点がある。この介入方法によって、同じ境遇となった子どもたちが集まって、お互いの話を聞き、観測しあい、融合しながら自らのストレスや困難に挑戦することが可能となる。

子どもたちは、自分がまったく一人ではないというふうに感じるようになる。自分の体験をほかの子どもと分かちあうことによって反応や思いが平穏なものになるのだが、このことがグループ全員にとっては重要なこととなる。さらに、安心できる、思いやりのある環境のなかでお互いが交じりあうことで、さまざまな状況に対処できるように発展していくことが可能となる。(原注4)

同じグループとなった子どもたちは、同じ症状や問題を抱えているわけではなく、単に同じ体験をしただけでしかない。何人かの子どもたちと一緒に、または必要によっては一人ひとりにあった形で対処していく必要がある。グループによる活動によって、子どもの親との接触も増え、親を通しての手引きや支援がより可能になってくる。そして、もう一つの重要な指摘として、グループによる活動は参加した子どもたちからの評価がよく、被災者の家族からもこの形が求められているということがある。

グループによる支援活動のための準備

親および保護者との協力

子どもの悩みに携わった私の経験から言って、保護者との密接な協力関係が、グループによる活動において成果を上げるためには非常に重要となる。悲惨な出来事のあとは、家族全員が何らかの影響を受けており、とくに保護者たちは自らの役割を見失ってしまうものである。保護者も被害者であり、自分自身のトラウマや悲しみにどのように対処していけばよいのか、その対応策を知っているわけではない。と同時に彼らには、悲しみに暮れて、助けや保護、そして支えを求めている子どもの親としての立場もある。

私たちのような支援者に親たちは、以下に挙げるようなさまざまな質問を投げかけてくる。

(原注1)　一五七ページに掲載した参考文献一覧の②を参照。
(原注2)　一五七ページに掲載した参考文献一覧の①　⑥を参照。
(原注3)　一五七ページに掲載した参考文献一覧の②　③　⑤　⑨を参照。
(原注4)　原書122ページにある文献一覧の②を参照。

●子どもたちを支えるための一番よい方法は何か。
●遭遇した惨事について、どれだけ深く話すべきか。
●子どもが黙ってしまっているときに無理やり話させることはまちがいなのか。

そのなかでもよくある質問が、惨事に遭遇したことによる子どもの将来への影響である。つまり、子どもが体験した生命の危険や身内の死亡が、今後どのように子どもたちに悪影響を及ぼしていくのかという疑問である。このような質問があるにもかかわらず、親たちも惨事によって打撃を受けているため、子どもたちが求めている支えや助けの叫びに気付かないことが多い。

ほとんどの家族がこのような災難に遭ったことはないし、心理カウンセラーのような専門家にお世話になったこともないため、心理的・精神的な支援がどのようなものであるのかも知らない。このような理由から、最初の段階で保護者を交えた話し合いをすることが重要となる。グループによる活動の内容を説明し、困難な状況に立たされている保護者をどのようにして支援できるかなどについて話し合いをするのである。

自分の親たちがこれからはじまるグループによる活動の概要を知り、さらに認めていることを子どもたちが事前に知っていることも重要となる。それによって、グループで話されたことが家庭でも話されるようになり、次の集まりの機会にもすすんで参加するようになる。

グループによる活動が開始される前に、保護者との会合を個別もしくは合同で行うことが大切と述べたわけだが、その際、リーダーは活動の目標や方法などのほかに、保護者がどのような形で協力できるかも話しておく必要がある。グループによる活動は、リーダーと保護者が協力しなければかなり難しいものとなる。たとえば、子どもが体験した怪我や特殊な出来事などの情報を前もって把握しておかないと、有意義な会話を行うことができない。

子どもたちのなかには、人生の大きなハードルにぶつかってしまっている子どももいる。たとえば、特殊な出来事が原因で両親が離婚したとか、身内の死亡確認がされたばかりといった状況に置かれている子どももいる。親もしくは保護者が、事前にリーダーに知っておいてもらいたいということがあれば、いつでもコンタクトが取れるということも説明しておかなければならない。リーダーに必要な情報として、以下のようなことが挙げられる。

- 家庭で、落ち着いて人の話を聞くことが難しい。
- 学校での活動がうまくいっていない。
- 集団での活動がうまくいかず、内気、引っ込み思案、不安症になっている。

保護者との会合では、惨事のあと、これまでの反応とは少し違うと感じられる様子も伝えてもらう。ただし、他人が話したことを自分の子どもに当てはめて、同じような期待をしすぎないように情報の取り扱いには十分気を付けなければならない。いずれにしろ、保護者が自分の子どもについて、リーダーと気軽にいつでも相談できるという関係づくりが大切となる。

グループづくりをする際の子どもの構成

惨事に遭った子どもたちをグループ分けをするときには、個々の子どもたちがどのような災害を受け、どのような体験をしたのかを事前に知っておく必要がある。同じ出来事を体験したとしても、その印象や記憶は人によって違うということを忘れてはならない。

津波という被害に遭って、ある人は生命の危険を感じ、ある人は怪我をし、ある人は言葉には言い表せないような衝撃を受け、またある人は家族を亡くしてしまっている。もちろん、幸いにも自身は津波による被害を直接受けることはなかったが、家族の誰かを亡くしているという場合もある。

このような理由から、トラウマに結び付くような衝撃的な体験をした子どもたちのグループ（トラウマグループ）と、現実に家族の誰かを亡くした子どもたちのグループ（悲しみのグループ）に分けることができる。この二つのグループにおける活動方法や流れは同じだが、主題となるテーマづくりや進め方は子どもたちが体験したことによって違ってくる。

会話活動をする環境を選ぶ

子どもたちが集まる場所としては、やすらぎが感じられ、自らが歓迎されていると感じられる環境が重要となる。ほかの人に邪魔をされないような静かな場所がよい。ささいなことだが、トイレも設置されている所が便利である。

部屋の中に、日頃より子どもたちが目にしている物が何か用意されていると、子どもたちも訪れやすくなる。部屋に入ってきたときに周りを見わたし、机の上に紙やペン、おもちゃのような物があると子どもたちは安堵感を抱くということである。

ティーンエージャー・グループでの指導方法

津波という被害に遭った多くのティーンエージャーに対する心のケアとしてグループによる活動が提案されたわけだが、前述通り、彼らが体験したことを何らかの方法で評価し、グループ分けをしなければならない。

彼らが比較的オープンで、簡単にグループ分けができた場合もいくつかあったが、逆に時間がかかってしまったというときもある。どちらの場合においても、彼らの意志を尊重した形でグループ分けは行われている。

集まる回数は最初から決められていた。もちろん、グループによる活動の長い期間中に、何人かが途中でやめていったというケースもある。毎回、事前に決めてある活動テーマに従って進めたグループがある一方で、予定していた活動テーマに従ってはじめはしたが、途中から彼らが望む方向へと変更していったというグループもあった。

いずれにしろ重要なことは、テラピストであるリーダーの職業経験や受けてきた教育、またどのような専門的知識をもっているかによって指導法がかなり違ってくるということをふまえておかなければならない。

ティーンエイジャー・グループの実際

多くのリーダーが感じたことであるが、年齢が上の子どもたちのグループの場合、すべての活動を彼らに強いることはかなり難しい。私の個人的な経験から言っても、この年齢の子どもたちをリードするときには困難が生じる場合がある。それだけに、これまでとは違った指導形態が必要になる。テラピストとして、新たなチャレンジ精神を培う機会ともなった。

大人という年齢を目前にしているティーンエイジャーたちは、さまざまな葛藤があるのか、性格も著しい変化を見せる。彼らが落ち着いていて意欲があるときは、リーダーがイメージしていた通りに作業が進むが、彼らが不安定な状況に陥っていて気力に欠けているときはまったく逆となる。こんなとき、彼らとの会話は進まず、重い雰囲気だけが漂ってしまうことになる。

このような雰囲気から脱出するために重要となるのが、リーダーの簡単な言葉や掛け声である。私の経験からだと、最初のミーティングがもっとも大切で、彼らにポジティブな印象をもたせるようにしなければならない。そうすれば、途中で脱退するケースが少なくなる。

加えて、最初に重要なこととして挙げられるのは、集まった彼らはお互いに初対面であり、ある種の戸惑いのなかにいるということを理解することである。リーダーが彼らのこのような心境をしっかりと理解し、会話の難しさやそれを聞くほかのメンバーの反応を観察する。

他のグループで行われたことを参考にして、その結果や進展、そして彼らがどのように感じたかなどを話し合うことも重要である。同じ惨事を体験した彼らであるがゆえ、同じような心境にいるほかの人たちを理解し、助けあうことが可能なのだ。

彼らが直面している問題は、悲しみ、意欲や不眠、日常生活の処理、そして不安に満ちた将来といったことである。さらに、彼ら自身にとどまらず、同じような悩みを抱えている彼らの親たちのことも考えなければならない。

ここで重要なことは、彼らがもつ問題や悩みをできるだけ明確に識別し、その解決の糸口を見いだすことである。私は、彼らが会話をすることで解決していったという一種の成果を経験している。最初の段階では、もっとも難しい問題を避けて話をはじめる彼らであるが、話し合うことで互いの体験を分かちあうことができるようになる。つまり、お互いの話を聞くことがもっとも重要なことであり、そのような方向に導くことがリーダーの役目となる。話すこと、聞くこと、この二つのことが不可欠なのである。

具体的な活動のテーマについては、彼ら自身が話し合ってよく考えなければならない。それ以外にも、休憩のタイミングなども彼らと一緒に決めるとよい。もちろん、集まる場所を決めるときも彼らの意見を尊重する。

そして、実際の活動において彼らが物静かでイニシアチブを取れないでいるときは、いくつかのヒントを与えたり、話したいことを紙に書いてもらい、匿名で提出してもらって全員に公開したうえで決める。いずれの場合も気を付けるべきことは、彼らが望んでいないことを押し付けないことである。

リーダーの役割

グループ活動が成功するか否かは、言うまでもなくリーダーの役割にかかってくる。リーダーは、活動のプロセスを確認するだけでなく、一人ひとりのケアにも大きな責任をもつことになる。

これを可能にするためにも、彼らの悲しみやトラウマ、さらには身内を亡くしたあとの家庭内の変化やトラウマ症状についての知識も十分に備えておかなければならない。リーダーはグループのメンバー同士の話をつなぐ仲介者でもあるので、彼らを支え、励まし、共感および確認するといったさまざまな状況に対して解決の糸口を見いだすために努力をしなければならない。

また、グループ活動に参加している一人ひとりに、お互いを信頼しあうという気持ちが生まれるようにしなければならない。悩みを抱える自分がほかの人を助けたいという気持ちになることは、今後の人生において大きな励みとなるだけではなく、悲惨な惨事を経験したあとにおいてはもっとも意味深いことの一つとなる。

リーダーは、彼らが安心していられるようなしっかりとした枠組みをつくらなくてはならない。リーダーも彼らとの信頼関係を築き、彼らが表現したい感情や統制心をもてるように手助けすることが大切となる。トラウマ的な思いや感情が見られる場合には、ほかのメンバーから生じるであろう悪影響からも保護する役割を担うことになる。

彼らが決めるルールには制限はなく、決める方法もさまざまである。ルールをつくる目的は、参加者の話したことがグループ内だけにとどまるという安心感と、お互いの信頼関係を築き上げるためである。過去に、移民の児童グループの活動を経験したことがあるが、互いの立場を尊敬しあうことによって、グループ内に安心感と信頼感が生まれ、居心地のよい雰囲気をつくることができた。お互いを尊敬することの重要性を一人ひとりに話すことは、非常に重要である。

ほかの指導方法としては、何事も彼らが話し合って決める形や、リーダーが適切と思われる方法を採用するといったものがある。どの指導方法を採用するにしても、リーダーは彼らがプレシャーを感じないで自由に話ができる雰囲気をつくることが重要となる。安心して話ができ、聞いたりすることができる場所をつくることが大切である。グループによる活動をこのように機能させるためには、やはり二名のリーダーが必要であろう。

成人を対象とした数々のグループによる活動の経験から、どのような要素がマイナスになって人を傷つけてしまうかが実証されている。(原注5) グループによる活動の分析においてとくに指摘されていることが、守秘義務を怠ってはいけないことである。

また、二人のリーダーの性格が違いすぎるということも適切とは言えない。たとえば、一方がカリスマ性や積極性が強すぎ、片方が消極的および受態的な場合である。このような場合、グループ内のルールが曖昧になってしまうという傾向がある。その状態が続けば参加者は支えを感じなくなり、不安感を募らせてしまう。これは、グループ活動への参加者が子どもであっても同じである。

重要な最初のミーティング

規範と結合

　リーダーは、最初のミーティングからリーダーらしさを見せてグループによる活動の規範を伝え、彼らがうまく協調するように導いていかなければならない。最初から参加者が活発になることはなく、とくに年齢が上になるほど物静かなものである。

　リーダーが口火を切り、自己紹介からはじめ、グループ内の規範やルール、そして目的を伝え、もし抵抗や反発があればそれを和らげ、参加意欲を高めるように導き、明確な信頼感に満ちた姿勢を参加者に示すようにする。最初の時点からお互いに同じ境遇をもっているという意識に立ち、同じ所に集まった参加者に、これから一緒に何かをつくるという期待感が生まれるようにすることが重要である。

　前述したように、グループによる活動の詳細を説明する前に、参加者の自己紹介をするとよい。

（原注5）　一五七ページに掲載した参考文献一覧の⑧を参照。

自己紹介の方法もさまざまだが、たとえば丸いテーブルを囲んで座っているなら、順番に、自己紹介とともに言いたいことを付け加えてもらう。グループによる活動においては、できるだけ遊び心をもち、身体を動かすほうがよい。

先にも述べたように、リーダーは参加者に起きたことを事前に知っておく必要がある。予備知識として何が起こったかだけを知るのではなく、ほかの誰が同じ被災をしているのか、家族の状況や学校での活動、趣味なども把握していることがグループ活動においてはプラスとなる。

共通のプラットフォーム

人は、悲惨な惨事が起きたときやその後に無気力感に陥り、自らを統制することが難しくなる。グループによる活動によって、安心感を強め、無気力感を小さくすることが可能である。最初のグループによる活動のイントロダクションでは、参加者の年齢や成長度合いにあった言葉で分かりやすく説明し、ミーティングの回数や時間の長さ、そしてその大まかな内容なども話す。なぜみんなが集まったのか、その目的や機能を話すことが大切である。

これをすることによって、グループによる活動の明確な目標が定まり、参加者が自分の直面している問題に真正面から立ち向かおうとする動機づけにもなる。言うまでもなく、問題を明確化および具体化する方法もさまざまだが、ここでは、私が経験したティーンエージャーのグループ活動の例を以下に示しておこう。

なぜ、みんなを集めてグループにしたのかの説明として、私は白い大きな紙に人間のイラストを描き、その上に体験した惨事についての気持ち（憤慨した、恐ろしい、悲しいといった一番望まないこと）を書き込んでもらった。

頭の中に焼き付いていることを書いてもらったわけだが、さまざまな感情や光景がイラストの中に描き出された。ブルブル震える足があるかと思うと、心臓のある位置やお腹の真ん中には黒い円が描かれている。多分、不安感を意味しているのであろう。それ以外にも、お腹や心臓、喉の位置に塊があったが、それらは悲しみとして表現されたものである。

グループによる活動の最初の説明会は、参加者が簡単に「イエス」、「ノー」で答えられる質問をすることからはじめる。たとえば、「恐ろしいことに出合うと足が震えますか？」とか「恐ろしかったことを考えないようにすることはできますか？」などである。もちろん、嫌なことばかりでなく、楽しくポジティブなことを話し合うことも大切である。

目的と方法の説明

説明の最後には、参加者が抱えている悲惨な惨事によって受けたショックを和らげる必要がある。そのために、今後、みんなとどのようなことをしていくかについてもはっきりと説明する。

グループによる活動の目的は、参加者がもつ嫌な体験を忘れさせることではなく、参加者自身が自らの考えや気持ちをコントロールできるようにすることである。

私たちは、グループによる活動の最初から一つの心理トレーニングを行っている（原注6）。人間のイラストに書き込んだように、参加者の心の中にある気持ちや体験したことをできるだけ言葉で表すことによって、嫌な思いを心の中から追いだし、身体を軽くする。この心理トレーニングは、みんなが同じような体験をしたがゆえに、お互いに支えあわなくてはうまくいかないということも参加者にしっかりと説明しておかなければならない。

以上のことを、グループによる活動に入る前の段階で説明しておくことが重要なポイントとなる。

一定期間をともにするグループによる活動には、常に共通したプラットホームがなくてはならない。参加者の感情が高ぶったり、反応が激しくなったときは、最初に説明した活動の目的のところに戻る必要もある。

グループによる活動で友達となった参加者同士は、活動プロセスによって築かれた人間関係が大きな意味合いをもつようになる。リーダーが話すべき例として、以下のようなものがある。

「あなたが体験したことを話してくれたので、ほかの人も話す気持ちになったはずです。あなたが話してくれたおかげで、あなたの気持ちが分かりました。あなたと同じ思いをしている人もいるはずです。そういう人がいると、あなたも気が楽になるでしょう」

聞いているほかの参加者にも敬意を表して、次のようにほめることも忘れてはならない。

「あなたたちは、友達の話を真剣に聞いて誠意を示していましたね、このグループは立派です」

トラウマ的な記憶との対決――フレームワーク

トラウマ的な記憶に立ち向かうことはつらいものである。ほとんどの参加者が、このことをさまざまな形で避けようとする。しかし、これを否定したり避けるだけでは、体験した惨事に対処する適切な方法とはならない。グループによる活動の目的は、統制された支援環境のなかで参加者がトラウマと統合することである。リーダーがなぜ、嫌な体験に入り込んでコントロールしようとしているのかを、参加者が理解することが重要となる。

参加者自身が自助できる方法を学ぶことも大切である。その一つが、複雑な感情に対処する後悔や不安への緩解《かんかい》法である。この方法では、具体的な例を挙げて分かりやすく伝えなくてはならない。

（原注6）一五七ページに掲載した参考文献一覧の④を参照。

一例を挙げると、リーダーが人間の頭のイラストを描き、そこに参加者の思い出をさまざまな形で書き込んでいくという方法がある。前に起きた記憶を掘りだすためには集中力が必要となるが、まずは簡単に思い出せる最近のことをイラストの頭の部分に書き込み、それから徐々に、それ以前のことを思い出して表現していく。

恐ろしいことが起きたとき、その光景や感情がインプットされるもう一つの場所が身体にはある。目の裏である。人は、遭遇した恐ろしい光景をはっきりと思い出すことができる。それが今、この場所でまたあの恐ろしい出来事が甦るのではないかという不安にさらされてしまうということを忘れてはならない。

普通の出来事であれば、誰かに話してしまえばたいした不安も残らない。しかし、とくに恐ろしかった出来事に関する記憶は恐怖心を芽生えさせる。目の裏に焼き付いた光景を取りだしてほかの人たちに語るときには、再度その恐ろしさを感じることになる。このような記憶を、落ち着いた雰囲気の環境のなかで何回も考えて思い出すことになるわけだが、そのことを、リーダーははっきりと参加者に伝えておかなければならない。

「このようなことを、グループのみんなでやっていくのです」

参加者は、物事を理解さえすればつらい感情にも耐えることができる。本当の感情が表現され、それが受け入れられるようにしなければならない。参加者がすごく感情的になったときには、リーダーは不安や心配を和らげるために、これまでに成果のあった方法を必要に応じて何回か繰り返すことになる。

以上のようなやり方をモデルとして、全期間にわたってグループによる活動を行っていく。

テーマ活動におけるリーダーシップ

グループのリズム

毎回の活動において、「イントロダクション」、「作業」、「終了」という三つのステップに分け、それぞれのステップに決まったリズムを設けるようにする。リーダーが子どもたちを迎え入れ、挨拶し、その日の作業テーマを紹介し、最後に活動の終了を告げて締めくくる。

グループによる支援活動の最初に、ルールに従った簡単なルーティンをまず行う。たとえば、前回の活動の感想とか、前回の活動から今日まで何をしたか、もしくは何が起きたなどかを話してもらう。同じように、終了のところでは、ホームワーク、グループへのポジティブなフィードバック、そして解散を表す礼儀でもって活動を終了する。

グループによる支援活動のテーマをどのように展開していくのかについて、総合的な計画を事前に用意しておかなければならない。これに沿って活動を進めることが、リーダーの重要な役割となる。

テーマの選択

災害や悲惨な惨事を体験した参加者は、それが理由で彼らの将来において大きな影響を与えることになる。それゆえ、たくさんのテーマや悩みについてグループ内でよく話し合いをする必要がある。

話し合いの内容は、参加者の成長レベルに沿ったものとする。参加者は、起こった出来事から話しはじめ、次に、その直後に感じた想いを話していく。そして、徐々に出来事の内容を受け入れてゆき、次には日常生活のことに焦点を当てるようになり、惨事や家族を亡くしたことによる影響へと話を移行していく。

悲しみに暮れた若い年齢の彼らにとっては、失ったこととの「和解」[1]が必要となる。亡くなった家族がいない日常生活との「和解」、トラウマとなった記憶にどう立ち向かうのか、何度も襲ってくる記憶や後期トラウマ的な反応（ス語：posttraumatiska reaktioner、英語：Post traumatic reaction）をコントロールして、どのように融合していくかのトレーニングをしなければならない。

そして、最終回では、将来のことにフォーカスを当て、長期的な可能性を話し合い、適切な内容を盛り込んだ状態で終える。

出来事

参加者が、体験した惨事をどのように受け止めており、それをどのように解釈し、どのように処理しようとしたのかを慎重に話し合うことがグループによる活動の最初のテーマとなる。リーダーは、最初の自己紹介と説明会で顔合わせをしたときの印象から、参加者にどの程度まで話を深めていけるかの判断をする。

最初の段階から、惨事そのものや、その直後の感情的な反応について話をすることは避けるべきである。参加者の記憶が強い懸念と不安となって焼き付いている状況のなかでは、詳しい内容まで話をするのは早すぎる。リーダーの役割は、参加者の想いが強烈にならないように、滑らかな展開で進めていくことである。

（1）　この「和解」という表現については、「訳者あとがき」を参照。

グループによる活動において、参加者が体験した惨事を熟慮して上手に話すことは難しい。このようなときは、十分な時間的余裕を与え、話したいことを順序よく表していくといったトレーニングをする必要がある。このトレーニングを目的とした簡単なスケジュールを組んで、段階的にやるか、進展具合を見計らって徐々に行っていくかを決める。

事実に基づいたオリエンテーションによって、参加者からの反応や理解が得られ、リーダーは彼らの正しい状況をつかむことができる。と同時に、参加者同士がお互いの体験を分かちあうことも可能となる。参加者に安心感を与え、絆および連帯意識が生まれることがグループによる活動においては重要な要素となる。同じ惨事を体験した参加者が、お互いに話し合いをすることによって新しい事実も得られる。そのおかげで、全体像を把握することも可能となる。

惨事について説明する方法は、直接的でも具体的でもよい。たとえば、惨事が起きたときに自分はどこにいたかをイラストで描いてもよいし、落ち着いて柔らかく語ってもよい。いずれにしろリーダーは、一人ひとりの話を注意深く聞き、積極的な姿勢を示さなければならない。

グループによる活動がはじまったばかりのころは、参加者は多少の不安を抱えているので、ゆっくりとお互いを知ることに努める必要がある。グループ内での交流機能が発展することが大切で、もし、このときに参加者を無視するような支援の仕方が行われたとしたら、全体の活動プロセスにおいて大きな支障を来すことになる。

参加者の誰かが、トラウマ的な体験をほかの人たちに曝《さら》けださないように注意することも大切である。また、嫌な出来事の詳細部分にまで入り込んでしまわないように気を付ける必要もある。もし、ある参加者が悲惨な惨事の話をするときには、リーダーが、「この話をすることは大変重要なのですが、すごくつらい話になるかもしれない」と言って警告をしておかなければならない。非常につらく、嫌な思いで受け止めた参加者がいた場合は、別の時間を設けて、その参加者と個別に話をするようにしなければならない。

初期の段階におけるリーダーのほかの役割として、起きた出来事や救援活動にまつわるまちがいや誤解などを表にしてまとめておくというものがある。参加者のなかには、あまりにも強烈な記憶のために特別な支えを必要とする人や、親ですら知らない体験をしているという人がいることを忘れてはならない。

最初の段階では、お互いの体験談をコメントしたり、付け加えたり、支えの言葉を自然な形で表すということはあまりしない。リーダーのここでの役割は、同じような体験をした人の話を求め、参加者の反応をふまえて、みんながどう思うか、同じような思いをしたのかなどについてコメントをもらったり、何か関連した話を考えてもらうことである。

彼らが話した体験が強烈すぎるような場合は、心理教育的な介入が必要になることもある。このようなケースについての対応は、できるだけ早いほうがよい。その症状としては、時間的把握の困難、無感情、大人に対する強い反応（反発）などがある。また、年齢が低い子どもたちが出来事にまつわるまちがった解釈をしている場合にも、リーダーは気を付ける必要がある。この年齢の子どものなかには、津波を体験してからというもの、地震のニュースを聞くたびに津波が起きると思い込んでいる者もいる。

参加者が体験したことを整理していくためには、真実の情報が必要となる。リーダーが知っておくべき出来事やそれに関連する情報は、参加者から直接聞いただけで十分なときもあるが、そうでないときは、専門家に聞いて事実や知識を補うことも必要となる。たとえば、地震や津波の詳しい原因のことや、再発の可能性、またその危険性のようなことについては、地質学者や地震研究者といった専門家から説明をしてもらう。

もう一つの知っておくべき大切なインフォメーションは、震災や津波が発生したあとに立ち上げられた救援組織や、実際に行われた救援活動のことである。そのほかにも、多くの子どもたちが心配しているのは、大津波が起きたあと、その地域に住んでいた東南アジアの人たちがどうなったのかということがある。あの地域の人たち、子どもたち、彼らの家や学校、そして村の何もかもが流されて、彼らは今どうしているのだろうかという問いに対しても正しい回答をする必要がある。

ティーンエージャーの日常生活への影響

彼らの日常生活における問題はさまざまな形で表れる。ここでは、「悲しみグループ」と「トラウマグループ」の両方において、惨事に直接関係した彼らの思いと感情を中心に説明をしていくことにする。

悲しみグループの反応は、言うまでもなく、亡くなった人の思い出や悲しみが中心となっている。一方、トラウマグループでは、後期トラウマ的な反応が中心となっている。悲惨な光景が焼き付いたさまざまな場面の記憶、逃げるときの様子、極端に避けようとする行為、そして度を超しているさまざまな自助方法や、普段とは異なった行動を家庭ですることによって自らをコントロールしようとする行為などである。

彼らのなかには、自分は助かったが、家族のほかの者が亡くなったことでトラウマを感じるようになった者もいる。このような場合は、悲しみとトラウマの両方についての対応をすすめるが、最初はトラウマへの対応からはじめるとよい。

グループでの感情や思いを取り扱う場合に目指すことは、出来事にまつわることを思い出させやすくし、その感情に名前を付け、思っていることと感情が相互関係にあることを学び、最終的には自らの感情をより良く理解することである。

大人たちの悲しみや反応、学校生活、友達や家族の人たちとの関係が、惨事やトラウマによってどのように変わったのか、子どもたちが特別な悩みや状況を抱えているのか、亡くした身内に対してどのような形で思いをもち続けていけばよいのか、などに取り組むことがグループによる支援活動の次の大きな課題となる。

リーダーは、最初の説明会で紹介した手順（ルーティン）に基づいて活動を進めていく。ほかのグループでの様子を参考にして話し合ったりすることもよく、さまざまな反応や課題を通常化していく。こうすることによって、彼らは自らを表現することが容易になってくる。

ソフトなスタートによって、会話にスムーズに入っていくことも可能である。この段階で重要なことは、彼らの関係が密になるように、グループ内での信頼関係が築けるように導くことである。リーダーは彼らの間に入って、それぞれの思いを分かちあわせるカタリスト（触媒）の役割を果たす。

リーダーは、彼らが思っていることを表現できるように導くほか、話の糸口を見つけたり、話をまとめたり、不思議に思われる情報を集めたりして、彼らの悩みについて話し合うことに努める。彼らが自力で解決することを学ぶために、家庭でもできるような訓練を宿題として出すのもよいだろう。

将来に向かって解散

グループによる活動の最後の段階では、将来に関するテーマが中心となる。体験した惨事が将来どのように影響していくのか、彼ら自身が自らの将来をどのように考えているのか、活動で何を学んだなのかを探ってみる。この段階に入っても、これまでと同じようにして活動を進めることがリーダーの役割となる。

最初に、ミーティングの回数やテーマを決めたほうがよい。このやり方の利点は、子どもたちがいつ、何をするか、終了の時期がいつ来るのかを前もって知ることができ、気持ちの準備ができて安心することである。グループによる活動を計画通りに進めることによって、彼らは決められた時間内で一つのテーマに集中することができ、それがお互いのネットワークを強めることになる。

最終段階では、彼らがグループによる活動を通して思ったことや何を学んだかをみんなで話し合ったり、紙に書いて表現したりする。そしてリーダーが、彼ら一人ひとりがどのように学び、お互いに支えあってきたことでよい方向に変わってきたという事実を伝える。

最終回での活動は大切である。解散のときには、友達やリーダーとの別れが思い出深いものになるようにしたい。私の経験から自信をもって言えることは、グループによる支援活動は、参加者同士がお互いの関係を築き上げるためには効果的な方法であるということである。

方法

私はこれまでに、さまざまな年齢の子どもたちの悩みにまつわる仕事を行ってきた。これまでの経験がゆえに、彼らを支えるための具体的なデータも集められたし、それを有効に使うことも可能となった。

作業ノートに記録したデータは、グループによる活動が解散するときに子どもたちにわたされる。子どもたちに課された具体的な活動事項や作業内容は、彼ら自身が決めて行ったものである。つまり、ほとんどの活動は子どもたちの自主性において行われたわけである。これまでの経験上、多くの子どもたちは、気持ちが安定状態にあるときや、その傾向が見られるようになったときに自らの体験を吐露《とろ》している。

具体的なテーマに沿って話すという方法は、とくに年齢の低い子どもたちや男の子の場合に、比較的よい成果が生まれることがある。彼らはテーマから外れたことに注目してしまい、集中して話し合いを進めない場合が多いわけだが、ほかの子どもが話した体験を自分と比較し、内容に共通点があると気持ちがほぐれてほっとする。

あるテーマについての話し合いのなかで、具体的な成果を公表することができれば、その子どもに「自分はちゃんとできる」という自信が生まれる。さらに、それがグループ内のほかの子どもたちへも波及効果を及ぼすことになる。このやり方は、会話活動において話を活発に進めていく突破口にもなる。このような具体的な例を出発点にして、子どもたちの会話を広げていくことが可能となる。

子どもたちが自らの体験を探り、それをさらに発展させていくようにアシストすることがリーダーの役割である。リーダーは会話のテーマを紹介し、活動を進める枠組みを子どもたちに説明し、「今、話したことについて、みなさんの気持ちを自分の言葉で表現してください」という形で進めていく。ここで大切なことは、会話を進めるために興味を引くテーマを選択することである。

これまでの私の経験から、その具体的な例を左記に示しておく。また、本書の「附録」（一八九ページ）にもグループによる活動日記として例を紹介しているので、参照していただきたい。

言葉からの連想

これは、気持ちや感情に言葉を付ける練習である。子どもたちは、白い紙の上に自分の気持ちを言葉で表す。たとえば、「恐ろしい」、「悲しい」、「嫌だ」、「つらい」などの感情から連想した言葉を表現する。年齢によっても異なるが、「津波による被害」、「ニュース」、「病院」などもその糸口の言葉となるだろう。子どもたちは、これらの言葉から最初に連想する言葉を紙に書いていく。

絵語り

自分が気になっている何かの状況をイラストとして描き、それにまつわるストリーをつくってもらう。その状況は体験した惨事だけに制限しないで、一般的なことでもよく、描かれていることが人生に関係した重要なテーマになっておればよい。

子どもたちの描くイラストのほとんどは、日常生活に関することとなる。たとえば、母親か父親が一人で寂しそうにソファに座っている、教室で兄や弟（姉や妹）が寂しそうにしている様子、友達のグループから離れて一人で立っている子ども、友達同士が抱きあって慰めている様子などである。

子どもたちが描いたイラストのなかから、一緒に話し合っていくテーマを選択する。描かれたイラストのモチーフには、トラウマとなっている出来事を思い出したときによく見られる反応であったり、またはトラウマを避けるような気持ちにつながる表現が多い。その様子の一例として、夜中に悪夢を見て目が覚める女の子、学校の授業中に突然立ち上がってしまう男の子などがある。

絵語りの方法は、悲惨な惨事のあとに使われる場合が多い。描かれたイラストとそれにまつわる話は、ほかの子どもたちにも連動させていくことで、さまざまな場面での生活の変化へと広がっていくので有効な方法となる。

ここで重要なことは、イラストについて語ることである。グループの年齢層によっては、描かれたイラストに、「この人は何を考えていると思いますか？」とか「この人は何をしようとしていると思いますか？」とアシストすることも必要となる。

気持ちの状態を表したグラフ（気持ちのランキング表）

子どもの感情や気持ちの状態がどうなっているかを知るグラフである。このグラフは、さまざまな日常生活において変化した感情を知ることに役立つ。子どもたちの気持ちを知るための重要な情報が得られ、それをリーダーに伝える。

メモ用紙に、その日の出来事を書いてもらう。書くことは、子どもたちが日頃経験していることでよい。たとえば、朝起きたとき、朝の雑用をしているとき、学校での授業中や休み時間のとき、家にいるとき、親といるとき、友達と一緒にいるとき、就寝前に何かをやっているとき、などが挙げられる。

メモ用紙の一行一行にさまざまな感情を書いてもらう。最初に、上のほうからポジティブでよかったことを書き、順に下に向けて難しく感じたことや悲しいことを書いてもらう。

このグラフの活用方法は多様である。子どもたちが書いた一行から、経験（感じた、思ったこと）した状況をグループの会話テーマとして発展させていき、その原因とその関係を探っていくこともできるし、困難な状況からどのようにして抜けだせばよいのかについて話し合うこともできる。また、一人ひとりのグラフを見て、誰の悩みやが少ないか、多いかという現状を知ることも可能となる。

リーダーは、子どもたち一人ひとりの感情や気持ちを知ることによって、子どもたちのもつ問題を認識し、最終的にはグループ全体を把握しなければならない。

この方法は、年齢が低い子どもたちにも適用が可能である。私は過去に、病気の親がいたり、親を亡くした就学前の子どもを対象としたときにこの方法を使用したことがある。

まず、日常生活における代表的な六つの生活場面のイラストと、その下に空白の円が描かれている紙を子どもたちに配った。子どもたちは、それぞれの生活場面のイラストの下にある円に、自分が感じていることや思っていることを、目、鼻、目、口などを描き込むことによって自らの気持ちを表していく。つまり、まだ十分な言語表現ができない子どもたちの場合は、絵を使ってグラフ化したわけである。

この方法を行う場合、最初に、さまざまな気持ちの表現をどのように顔に描くのかについて子どもたちに説明しておく必要がある。

手紙

惨事を経験した家族は、さまざまな面で大きな影響を受けることになる。最初に挙げられる例として、家族間の会話が難しくなるということがある。家族がこのような状況下にあるときには、子どもたちは自らの気持ちや思っていること、考えていること、求めていることを手紙に書くとよい。手紙の宛先は、親、姉妹や兄弟、または亡くなった親戚の人や友達でもよい。

姉を亡くしたある子どもの両親宛の手紙には、家族の喜びがなくなってしまったと書かれており、生き残った家族が悲しんでいることを亡くなった姉が望んでいるはずがないと訴えている。親宛てに書いたこのような手紙であるが、親に見せるか否かは書いた子ども自身が決める。また、亡くなった妹宛てに書かれた手紙には、亡くなったあとの家庭の様子が書かれていた。

このように、子どもたちの何人かは家族が亡くなったあとの思いや気持ちを書くものである。楽しかった思い出、別れのつらさ、会いたい気持ち、どれだけ好きだったか（愛していたか）、死後の世界での幸福、いつかは再会できるだろうという願い、などである。

兄弟や姉妹が亡くなっても、これからも一緒に生きていくかのようにポジティブな感情を表現している子どもたちもいる。ある女の子は、「今でも姉さんは私たちの友達と一緒にいるのですよ、分かるでしょう」と、亡くなった姉宛てに手紙を書いていた。

手紙はみんなに聞いてもらうが、もし、ほかの人に聞かれることが嫌な子どもがいれば、それを尊重しなければならない。

自助努力法

大きな喪失やトラウマとなる出来事のあとに子どもたちを襲う苦しい気持ちやつらい気持ち、これらが子どもたちの日常生活を難しくする。惨事のときの光景や、そのときの感覚が頭に焼き付いた深い悲しみがゆえの反応や否定などが、子どもたちの睡眠や集中力の面で障害となる。

このような状態にいる子どもたちを特別な方法によって支え、子どもたち自身が自らをコントロールできる方向にもっていかなくてはならない。リーダーのさまざまな指導法にもとづいてグループによる支援活動が行われ、宿題として、次回のミーティングまでに子どもたちが自分で試すことが（訓練）できるようにする。

セレモニー（儀式的なこと）

儀式的な形を活動に盛り込むことによって、子どもたちの間につながり（絆）や信頼感、そして継続する力を生みだすことが可能となる。グループによる活動で話されるテーマの区切りとしてセレモニーを設けると、次のテーマの話し合いへのリズムをつくりだすことも容易となる。活動をはじめる前に行われる、子どもたちを迎えるときの決まり事、難しいテーマの会話に入るときの決まり事、解散（終了）のときの決まり事、といったセレモニーが考えられる。活動の終わりには、歌を唄ったり、手をつないで輪になるのもいいだろう。

これらのセレモニーは、悲惨な惨事から復帰するための中核的な役割を果たし、惨事が現実のものであったと感じさせてくれる。また、さまざまなセレモニーが、グループによる支援活動での調整を可能にもしてくれる。たとえば、事故や災害で亡くなった家族や仲間の身内を対象にした追悼式に参加することによって、惨事に対する現実感が強まってくる。このようなセレモニーの準備をする場合には、そのやり方や進め方について、子どもたちも一緒になって決めていくほうがよい。

保護者同席で終了（一緒に終了する）

子どもを対象とした活動では、家族的な側面を必ず考慮しなくてはならない。グループによる支援活動を開始する前に、保護者に対しては活動計画の内容を説明しているわけだが、それと同じように、活動の終了時にも成果をまとめて保護者に報告し、終了後も子どもをどのようにして支え続けていくのかについてアドバイスをする。

私は、活動終了のころに必ず、子どもたちと一緒に保護者にも集まってもらって話をしたが、よい結果が得られたと自負している。子どもたちは、この日のために準備をする。私が何を話すかは、前もって子どもたちに説明してある。子どもたちは、自分がつくったものを展示して保護者に披露する。それらは、親が知らなかった子どもの心を表現した絵であったり、作文や詩であったりする。

そこに、親がこれからどのようにして子どもたちを支えていけばいいのかのヒントが隠されている。親と子どもが一緒にいる場所で、リーダーは子どもたちのつらい想いの話をする。さらに、家族同士の話し合いや理解をすることの大切さ、そして子どもたちのさまざまな想いの反応やその対応についても触れてゆく。

そして最後に、子どもたちが書いた活動ノートを保護者に見せる。これについても、子どもから許可をとり、子どもの自主性を尊重することを忘れてはならない。活動ノートは、子どもたちが何を考えているか、感じているかをよく知るためには最高のものである。またこれは、親と子どもたちの会話をも容易にしてくれる。

参考文献一覧

① Goenjian, A.K., Karayan, I., Pynoos, R. (1997). Outcome of Psychotherapy Among Early Adolescents After Trauma. *Am J Psychiatry*, 154, 356–542.

② Huss, S.N & Ritchie, M. (1999). Effectiveness of a Group for Parentally Bereaved Children. *Journal for Specialists in Group Work*, 24(2), 186–196.

③ Kulic, K.R., Horne, A.M., Dagley, J.C. (2004). A Comprehensive Review of Prevention Groups for Children and Adolescents. *Group Dynamics: Theory, Research, and Practice*, 8(2), 139–151.

④ Lorentsen, G., Raundalen, M. Straume, M., Røssland, A.L. (2000) Veiledningsheftet for arbeid med barn som har flyktet fra krig: " over broen".

⑤ Pfeffer, C.R., Jiang, H., Kakuma, T., Hwang, J., Metsch, M.A. (2002). Group Intervention Bereaved by The Suicide of a Relative. *J. Am. Acad. Child Adolesc. Psychiatry* 41(5), 505–513

⑥ Salloum, A., Avery, L., Mc Clain, R.P. (2001). Group Psychotherapy for Adolescent Survivors of Homicide Victims: A Pilot Study. *J. Am. Acad. Child Adolesc. Psychiatry*, 40 (11), 1261–1267.

⑦ Schilling, R.F., Koh, N., Abramovitz,R., Gilbert, L. (1992). Bereavement Groups for Inner-City Children. *Research on Social Work Practice*, 2(3), 405–419.

⑧ Smokowski, P.R., Rose, S.D., Bacallao,M.L. (2001). Damaging experiences in therapeutic groups. How Vulnerable Consumers Become Group Casualties. *Small Group Research*, 32(2), 223–251.

⑨ Tonkins, A.S. & Lambert, M.J. (1996). A Treatment Outcome Study of Bereavement Groups for Children. *Child and Adolescent Social Work Journal*, 13, 3–21.

第Ⅲ部

悲しみは一つの車輪

ヨーラン・ギィレンスヴェード

(Göran Gyllenswärd)

- 反応
- 年齢別の反応
- トラウマ
- ケアのプロセス（対応）

（カラー口絵を参照）

反応

悲しみは、黒色の中にあるグルグル回るブルーの車輪である。黒色のところは怒りで、ほかのところはほとんど悲しみです。悲しみは、常にこれからの人生に付きまとう。だから、グルグル回っているのです。

この文章は、津波被害を受けた女の子がＢＲＩＳのグループによる活動で表現したものである。「悲しみは、常にこれからの人生に付きまとう」という表現には、思わず絶句する人も多いのではないだろうか。

これと同じような想いは、子どもにかぎらず大人ももっている。なかには、このような想いが執念深く心に焼き付いてしまい、つらくて、痛くて、忘れることのできない子どもがいる。残された被災者の家族たちの朝は、逝ってしまった人への愛しさがとくに募ってしまう。就寝のときも同じである。これは、人が執念深いわけではなく、悲しみが執念深いからである。

悲しみは、喪《うしな》った者に対する人間がもつユニークな感情表現である。一つの出来事に対する人々の反応は、仮に似ているところが多々あったとしても、その悲しみ方は人それぞれかなり違ったものになる。出来事に対してどれだけ把握（理解）できるか、また喪《うしな》ったことに対してどれほどの対処（処理）能力をもっているかによって、かなり違ってくるわけだ。

子どもからすれば、身内の者や親を亡くすこと、ましてや両親を亡くすことなどはまったく思いもしなかった出来事である。このようなことが起きてしまうと、生活のすべてが変わってしまうことになる。つまり、今の生活から将来に至るまで、大きな影響を及ぼしていくことになる。

家族の者を亡くしたあとは、生き方に関する考え方が、それ以前の計画とまったく変わってしまうこともある。やりたいと思っていたことができなくなり、あとになって後悔することもあろう。惨事の前にあったであろう楽しかったことがいつかまた戻ってくることを望んでいるが、それまでには、かなりの時間が必要とされる。

深刻な出来事のあとには、心に強いなにがしかの反応が必ず生じる。最初に怒り、それは黒色の感情である。時には、自らのイライラ感を外部にぶつけ、学校の友達や大人との間に摩擦が生じることもある。逆に、自らを責めて苦しむこともある。ただ、外に向けた怒りに関して言えば、ほかの人にすぐ分かってもらえるという利点もある。

感情が表面にはっきりと出てこなくとも、子どもの心の中は悲しみに沈んでおり、必ず亡くなった人を偲んでいる。子どもの感情のなかでもっともつらいことは、自分は見捨てられて、独りぼっちになったのではないかという想いである。このような状態に陥らせないためにも、子どもを一人にさせてはならない。誰か親密に話を聞いてくれる人や話ができる人がいること、またグループによる活動で友達となった人と交わることが必要となる。

年齢に関係なく悲しみが襲ってくるほかの強い感情としては、どうしようもない無力感と、何か悪いことでもしたかのような罪の意識がある。罪を感じるとは不思議な感情であるが、年齢の低い子どもにもこの感情は生まれる。こんなことになったのは自分に原因があるのではないか、こんなことになる前に防ぐことはできなかったのか、という想いである。

具体的には、「僕（私）が海岸からもう少し早く走っていたら……」とか「私（僕）が『泳ごう、泳ごう』としつこく言ったから……」というたぐいのものである。この「もし、こうしていたら……」という後悔の想いは誰にでもあり、これが強い罪の意識へと変わっていく。

多くの子どもたちに見られるほかの反応としては、恐怖に似た不安感が挙げられる。急に襲ってきた自然の巨大な力によって生きる力をなくしてしまい、それに抵抗するだけの策をもたない子どもに恐怖感を植え付けてしまうわけだ。そしてこれが、どうしょうもない無気力感へと発展していく。

「私は、もう安心して生きていくことが絶対できない」と、ＢＲＩＳのグループによる活動に参加した一人の女の子が言っていた。このような想いをもつ子どもは、決して彼女だけではないということを忘れてはならない。

また、このような反応は身体にも現れる。よく見られる症状は、疲労、不眠、頭痛などである。そのほかに、集中力の低下、最近の出来事に関する記憶喪失も見られる。このような状態が続くと、自尊心にも影響を及ぼしてしまうことになる。つまり、「僕（私）は何でこんなに忘れてしまうんだろう（だらしないんだろう）」と考えてしまうのだ。

年齢が上の子どもたちのほうが、身内を亡くしたあとの反応は小さい。彼らは、出来事自体が何か奇妙でおかしいものととらえてしまうのだが、この反応が悲しみの一部分であるということを知っておく必要がある。とくに大人は、このことをよく理解して、子どもに対応していかなくてはならない。それが、この年齢層の子どもたちが負っている悲しみに対応するためのケア姿勢である。

深い悲しみに浸っている子どもをそのまま放置して、自助努力を強いることが最悪な方法であるということを忘れてはならない。

年齢別の反応

○～約三歳まで

この年齢層の子どもは、別れに対しての反応が非常に強い。とくに、常に密接な関係にあった人たちに対しては強くなる。別れから生じる感情は、見捨てられたという空っぽの想いである。言葉がまだはっきりと話せない幼い子どもは、言葉で表現できないことを身体で表すようになる。しがみつき、泣きやまないなどのほかに、最悪の場合、すべての感情を表現しなくなる。

少し大きくなった子どもたちをこのような状態のままにしておくと、さらに同じ状態が続くことになり、その後の対応が難しくなる。子どもが体験したさまざまなことの内容や関係を子どもが理解できるように、言葉を補って誰かが手助けをしなくてはならない。それをするためには、経験したことが話しやすい雰囲気を子どものためにつくることが必要となる。

「ママを思い出せない、ママがいなくなっちゃった！」とある保育園児の女の子が言ったが、この子どもは、亡くなった母親のことを僅かしか覚えていない。そのため、その後の保護者の言動にも影響を受けることになる。保護者になった人の怒り、悲しみ、落ち込み、憤りなどといった感情が、子どもに強い影響を及ぼすことを忘れてはならない。このような不調和の感情を、子どもたちは避けることができないのだ。

子どもが三歳になると、社会とのコンタクトが多くなってくる。大きな山を越えたような気持ちになり、世界観が広がり、何でもできるように思えてくる。しかし、このような感情は非常にもろいものであり、ちょっとした打撃を受けただけで、それまでの自信がすぐに崩れてしまうことになる。

悲惨な出来事を体験した幼い子どもには、可能なかぎりの大きな支えと慰めが必要になる。世界が危険な所と感じるようになった子どもを守ってやり、新しいケア（育児・養護）による継続的な支えが必要である。

子どもがまだ幼いときに生じた出来事であっても、成長するに従って「別れた」という感情が強くなると考えられる。この症状は、のちに行われた臨床結果にもよく出てくる。それは、初恋同士であった若い男女の恋愛が崩れたときによく見られるような、不均衡な強い反応に似ている。

子どもがどう思っているか、またどう感じているかなどについての内容を大人が知るのは難しいのだが、幼い子どもでも多くのことを思い出すことが可能である。よく思い出すことは、出来事の強烈さや激しさ、そしてそれから来る感情であり、周りにいた人々の記憶などはそう強いものではない。

四歳から約七歳まで

この年齢になると言葉がしっかりしてくるが、会話で使われる言葉が僅かに通じる程度でしかないため、大人のように周りの出来事を理解することはできない。大人からの愛護がまだまだ必要な年齢であり、言葉だけでは不十分である。この点で、大人と子どもとに違いが生じる。

この年齢の子どもは出来事を理解しようとするが、その場かぎりのことが理解できるだけである。誰かが亡くなっても、それが永久的なことだとは思っておらず、死んだ人は天国に行って生きており、いつかは会えると思っている。

また、この年齢の子どもの考え方は恣意的であり、自己本位でもある。つまり、蓄えた知識の谷間にファンタジーを盛り込んでいくという年齢なのだ。ただ、真実を知ると自分で因果関係をつくりだすので、年齢にあったより多くの知識を与える必要がある。

「僕のお兄ちゃんは、僕が怒ったから死んじゃったの？」と五歳になる子どもが言ったが、このような考えには適切な対処をしなくてはならない。また、「ママは私がいけなかったから死んじゃったの？」という想いをもっている子どもには、なぜこのようなことを考えているかを調べ、真実を伝えることが大切となる。このような対処をしないと、子どもの心の中に深い傷が残ったままになってしまうという恐れが生じることになる。

この年齢の子どもたちのなかには、ママが死んでしまうのではないかと考えている子どももいる。その理由は、大人はいろんなことをするし、大人の世界ではさまざまなことが起きているからと思っているからである。

子どもは、家族の悲しみに強く反応する。さらに、ほかの家族の様子や雰囲気を敏感に感じとるのだが、家族の誰かが亡くなった直後には反応が見られず、何もなかったように遊んでいることもある。これは一種の防御に対する反応であり、必要な行為と言える。

子どもが死を現実として受け入れるまでには、かなりの時間がかかる。半年から九か月、もしくは一年ぐらいかかることがある。死という体験は、自分の存在を揺るがす出来事なのである。就学前の年齢の子どもにとって死は恐ろしいことで、暗闇のような怖さを感じている。幼い子どもが感じるように、独りぼっちなった、見捨てられたという想いをもつと同時に、また同じことが起こるのではないかと恐れているわけだ。

出来事に対する反応は身体にも現れる。多くの子どもが腹痛や頭痛を感じるほか、さまざまな症状が現れる。もちろん、睡眠障害も多く、時には悪夢にうなされることになる。

悲しみのなかにいる子どもたちや大人が見た悪夢は、前からもっていた死という夢絵が現実となったものであり、目覚めてから、事実とは違っていたことを知る。子どもが恐ろしい夢を見たときには、その内容を聞いてみることが大切で、できるだけ死にまつわるような恐ろしい悪夢を見ないようにしていく必要がある。

この年齢の子どもになると、物事に対する具体性を求めだすといったことも特徴の一つである。それは、死に関しても同じである。就学前は、死を人物に置き換えた死神のような形で把握してしまい、死神がお兄ちゃんを連れていったのなら、そのうち自分にも迎えが来るのではないかと恐れることになる。

具体性をもちはじめると、亡くなった人がどこかで生きているはずと思い込むようにもなる。そして、年齢が高くなるにつれて、死んだ人は「死んだ」ということを徐々に把握していくことになる。たとえば、死んだ小鳥を入念に土の中に埋葬した数日後に、再び「掘りだしてみたい」と言う。これは、小鳥が本当に死んだかどうかを確認したいからである。

具体性をもった想いは葬式のときにも見られる。なぜ、棺の中に人の死が入っているのだろうかと不思議がる子どももがいる。大人はやさしく説明をしようとして、「棺の中には、ただの身体（亡骸）しか入っていないのだよ」と言うのだが、この年齢の子どもは、「では、頭はどうしたの？」と問い返してくる。

遺灰が入っている骨壺にも、子どもは具体的な形を求めてくる。多くの大人たちは、死んだ人が遺灰になったことを幼い子どもには説明したがらない。しかし、子どもは、どうして死んだ人があの小さな壺に入れるのかと不思議に思っているのだ。

子どもに物事をどのように考えているのかを問い、探っていくことが大切である。ここでもっとも気を付けるべきことは、大人が子どもに一方的に説明するのではなく、まず子どもが何を考え、何を思っているのかを知ることである。そして、子どもが罪の意識やまちがった考え（想い）を抱いていないかを探ることが大切となる。

八歳から一二歳ごろまで

前述したように、低学年の場合には具体的な想いをもつ子どもがかなりおり、死を人に似た怪物のようなものや、なにがしかの形をした恐ろしい力をもった幻想的なものとしてとらえている。一方、この年齢の子どもたちでも超人間的な力を信じているものである。このような想いは十代では終わらず、大人になってからも一生もち続ける人が結構いる。

子どもが九〜一〇歳ぐらいになると、精神的な意味での大きな成長段階に入る。人の生命はいつか絶えるときが来る、ということを理解しはじめるわけだ。「もう絶対ない」とか「必ず終わる」という言葉に現実性を見いだし、もう亡くなった人には絶対に会えないと思うようになる。そして、死は現実性を帯びた自我の脅威となり、存在することに対する不安感を誘導し、自己の無力感を強めてしまうことになる。

このような想いは恐怖感をも募らせてしまうことになる。事実、この年齢の子どもたちはかなりの恐怖感をもっている。たとえば、暗いクローゼットの中にはお化けがいるとか思っており、これに死が加わるとその恐怖感がさらに強まることになる。今までなかった脅迫的な恐怖感は危険なものであり、死という出来事によって脅迫感が具体性を帯びてしまうのだ。怖いと思っていたことが、ある恐ろしい出来事によって現実となってしまうのである。

この年齢層の子どもたちにとって、死をどの位置に置くのかは非常に難しい。年齢が低い子どもの場合は、死んだ人は天国のどこかで生きていると確信をしているが、歳を重ねるに従ってその想いは疑わしいものになってくる。そこに科学的な知識が入ってくるようになると、天国にいるという想いはほとんど薄らいでしまう。

子どもの家族が物事に明確で、それが支えになっている場合、たとえば確かな信仰心がある家庭の子どもなら、問題がそう大きくならないケースもある。信仰心が弱い、または基礎的な存在感に乏しい子どもの場合は暗い空洞感を感じることになる。このような子どもは、死の幻想のなかに安心感を見つけることが難しくなり、死んだ人とのコンタクトを失ってしまうのではないかという恐怖感が生まれてしまう。つまり、「死んだお兄さん（お姉さん）はどこに行ってしまったの？」と思うようになるわけだ。

亡くなった人とのコミュニケーションは、全年齢層の子どもたちに共通したテーマであり、このことに費やす想いや不安は膨大なものとなる。

私は、お姉さんと今でもおしゃべりをしています。とっても楽しいときがあります。小さいときからいつもそうしていましたから、これからもそうしていきます。問題があると、私はいつもの通りお姉さんに相談して、これでいいかとか、どう思うかと尋ねています。

一三歳から一五歳ごろまで

この年齢層に入ると自我の成長が強くなってくるわけだが、まだまだすごく弱く、傷つきやすい年ごろでもある。言ってみれば、自分の部屋のドアに「入る前にノックを」と書いた紙を貼り出すころで、自らの部屋を自分で守る年ごろと言える。

幼いときに自らの反応を内にとどめていると、十代に入ってから中立的または拒絶的になりがちになるが、それは外見的なものであり、自己防衛をしているにすぎない。彼らの自我はまだ脆い状態で、家族の死は脅威となってしまう。

押さえ込むだけの強い力を子ども自身が操作しなくてはならないのだが、深い悲しみの感情を完全に表現することをなんとか避けようとする。また、メソメソした泣き方が見捨てられたという感情の導火線となり、底なしの深い井戸に落ちていくような気持ちで号泣してしまうのでないかと恐れてしまう。このような深い悲しみが、中性的な表現をしている顔の裏に隠れていることを忘れてはならない。

十代の子どもたちの心には緊張感があり、これを処理しようとしてコントロールするときに少しの抵抗があったり拒否があると、それは爆発的な感情という形となって表れてくる。こうなると、すべてを吐きだしてしまうことになる。この年齢層の子どもたちは、ほかと違ったことをしたり感情を他人に見せることは恥ずかしいと感じており、まるで大失敗をしてしまったかのように思ってしまうのだ。

この年齢層の子どもたちは、見捨てられた、誰からも理解されない、孤独などの想いが募ると、攻撃的になるか、逆に受動的なほうに発展しがちとなる。そのほかの現象としては、大きな責任感を感じ、生き残った人たちの世話を何でもやって、悲しみのなかにいる父親または母親を喜ばせようとする行為が見られる。

しかし、これらの行為は、ほとんど自らを守るためのものである。家族の誰かが悲しみに落ち込んでしまうと、子どもの世界は真黒な暗闇になってしまうのだ。こうなると、十代の子どもたちは何にもできなくなってしまう。

このような子どもの心の中にある痛みや悲しみ、またはトラウマを表現しなくなると、ほかの人による大きな理解が必要となる。そして、固く閉ざされたドアをゆっくりと開いてあげなくてはならない。

一六歳から一九歳ごろまで

大人に向かう準備をしている年齢層である。大人になろうとする力がフルに起動しているときで、何かを見いだそうとしている難しい年ごろである。このようなときに衝撃的な出来事や厳しいトラウマに遭遇してしまうと、さらに複雑な精神状態に陥ることになる。不安定な成長段階に、アンバランスな要素が注入されてしまうのだ。

このようなとき、この年齢層の子どもたちの多くは問題や悩みの処理を先送りにしてしまう傾向がある。たとえば、卒業試験やほかの試験が終わるまでとか、または何かの目標が達成するまでといったように対応を先送りにする。

大人に近い十代の若者たちにとって、悲惨な出来事のあとに浸透してくる強い感情に対して、正面から立ち向かうということは決して容易なことではない。十代という年齢期は、子ども期から離れる途中であると同時に、大人という新しい成長段階に向かっているときでもある。よくある例として、あることで親との話し合いが進んでいて、意見の一致が出る直前に親を突然の死によって亡くし、心の処理が複雑になり、問題解決を難しくしてしまうというケースが挙げられる。

十代の若者たちが大きな失望感と悲しみに立ち向かうためには、それなりの成熟度が要求される。もし、若者たちが悲しみに対して立ち向かわないとしたら、家庭や家族を避け、荒々しい若者の世界へと落ち込んでいってしまうという危険性もある。

この年齢の若者が家族のなかで一番年上である場合、生き残った家族に対して大きな責任を感じるようになる。とくに、それが女の子である場合はその想いが強くなる。そして、さらに悪いことに、自分自身の悲しみについての対処を後回しにしてしまう。

十代の若者たちは、親や大人たちとの交わりよりも友達関係を優先する場合が多い。それゆえ、この年齢層で起きた出来事は友達にも大きな影響を及ぼすことになる。友達もその悲しみを悼み、想いや気持ちを分かちあって何とかして支えになろうとする。惨事に遭った親友の悲しみや放棄された気持ちを、何とかして救ってやりたいと思っているのだ。そのような若者たちにも、大人からの適切な助言や支えが必要となる。

十代の若者たちは、哲学的な意味において熟考する年ごろに入ってきている。たとえば、人生とは何かとか、なぜ私たちは生きているのか、などと考えることが多くなってくる。このような年齢のときに起きた突然の身内の死は、自己存在に対する想いにさらなる疑問を投げかけ、その回答を求めようとしてしまう。これらに対処するためには、それ相当の力と時間が必要となる。

十代の若者は、自らのアイデンティティについても考えはじめる。自分は誰か？　なぜ私は存在するか？　というたぐいの考えであるが、これらの想いの関連性がある出来事で壊されてしまうと、そこから続けて生きることに疑問をもちはじめてしまう。そうなると、若者は今どのような役割を果たせばよいのかと迷いだすことになる。その結果、悲しみを処理する努力を将来に先延ばしにしてしまう。

また、多くの十代の若者たちは、大人に見られる一般的な危機反応の気配を十分に感じず、自分は少し変わっているか、少しおかしいのではないかと思い込んでしまうということも忘れてはならない。

家族の者が亡くなったあとに強く現れる反応の一つが集中力の欠如である。この年齢の若者にとっては、将来に向けた勉強が非常に重要なわけだが、惨事による衝撃が理由で壊滅的な状態になるという恐れがある。このような場合には、学校からの大きな理解と寛大な支援が必要となる。学校は特別学習プランや学習支援を設けるなどして、生徒の将来に悪影響を残さないように、勉強の遅れや学業低下に対して支援をする必要がある。

もし、被災を受けた若者が学校を避け、無気力状態に陥ったという傾向が見えたとしたら、その背景にはトラウマ的な問題が生じたのではないかと疑わなければならない。それは、まったく何も処理（ケア）されていない症状であるかもしれないのだ。

二〇歳から二六歳ごろまで

国連児童憲章における児童年齢の適用は一八歳までとなっている。しかし、悲惨な出来事のあとは、この年齢を越えた若者たちへの影響もよく考えるべきである。その理由の一つとして、十代のときに経験した出来事の処理が成人になったあとまで先延ばしとなっており、悲しみが依然深い状態の場合は、その処理作業をすることが以前よりも大きな精神的負担となってしまうということが挙げられる。この年齢層の人たちにこのような反応が非常に多く見られるという背景には、成人になるかなり前に体験した出来事（喪失）が今なお引きずられているということがある。

若者が人間として成熟しはじめると、子どものころの決定的な出来事やそれにまつわること、そして自らの成長期を振り返って成人としての自覚をもとうとする。そのため、成人となった若者が出来事をもう一度整理しようとするとき、過去に経験した喪失がその若者をとらえてしまうことになるのだ。

とはいえ、成人になって間もないこの年齢層の若者たちには一つの利点がある。それは、彼らが将来に向かってポジティブな想いで前進していることである。彼らの人生において、寄り道するほどの時間的な余裕はない。彼らは将来に向かって前進しようとしている。このことが、悲しみの処理作業においては大きな効果を上げることになる。

なぜ、子どもの反応が見えないのか？

家族の誰かを亡くしたことによって大人が病気にかかってしまい、数か月にもわたって就労が難しくなる場合が多い。大人の悲しみの受け方はさまざまで、その対応もさまざまであるが、人は大きな出来事に遭うと人生での休息をとり、熟考して心の対処をするのが普通である。

しかし、幼い子どもや十代の子どもは、家族の者を亡くした数日後には保育園や学校に行き、人生の休息を取ることがない。これは、子どもたちの身体的および心理的な発達がすごく強いためである。

また人は、喪失による深い悲しみのつらさや寂しさの状態に長くとどまることを避けようとするわけだが、子どもにはそのために必要な精神的な力が不足しており、精神的な苦痛に耐えるだけの能力がないため、先のような行動が可能となる。だからと言って、子どもたちが出来事を忘れたとか隠したわけではなく、喪失による思いや感情は心のどこかにしっかりと保管されたままとなっている。

子どもには、喪失の悲しみに浸る期間と、精神的な苦痛に立ち向かうことができない期間とが交互に襲ってくる。「遊びの最中に、僕は突然立ち止まってパパのことを考えてしまうんだ」と、父親を亡くした少年が言っていた。このように急に思い出すのだが、それは一瞬のうちに消えて、少年はまた遊ぶことを続けてしまう。

十代を含む多くの子どもたちは、すごくつらい体験の記憶から逃れようとして表情を表に出さず、出来事そのものの影響を否定しようとすることが多い。彼らは、強烈な体験や記憶をできるだけ思い出さないようにしているわけだが、逆にこれが、悲しみに対する処理作業を難しくさせている。

子どもは、悲惨な出来事について思い出させられたり指摘されたりすることを嫌がる。たとえば、喪失を思い出すような場所に行くことは避けようとする。しかし、一人になると、そのような場所を求めてしまうことがある。そして、誰も見ていないときに自らの悲しみを噴出するのだ。

子どものなかには、悲しみの処理を自分一人で行おうとする者もいる。そのような場合、その子どもの悲しみを他人が気付くことは難しい。そうなると、多くの子どもは慰めを求めて特別な場所を探し求めることになる。

私は、時々、両親の部屋にいます。そこにいると変な気持ちになるのですが、両親のいた所にいたいのです。私はそこで「ママ」と声を出して話をしたりするわけではないのですが、こんなときには、ママは何て言っただろうかとか、ママならそんなときはどうしただろうかと、すごく考えてしまいます。

悲しみのなかにいる子どもやトラウマに襲われた子どもは、何かほかの子どもとは違っており、うしろ指を指されているような状態に陥ってしまう。一般的に、子どもはほかの子どもと変わっていることを嫌がり、みんなと同じ、普通でいたいと思っているし、またそのように努力をしている。しかし、その普通の表現の裏には悲しみという強い感情が潜んでおり、この難しいアンビバランス（両面性）をどのようにして操作しようかと悩んでいる。悲惨な出来事を体験した子ども（若者）は、外見上はまるで何もなかったように振る舞い、内面の混乱状況を人には見せようとしないものなのだ。

大人が思っている以上に、子どもは普通、悲しみをオープンにして他人に見せるようなことはしない。たとえば、子どもや若者は人前で泣くことをしない。彼らは、信頼している大人の前以外ではめったに涙を見せることがなく、涙を流しながら悲しみと向きあうようなこともしない。

また彼らは、自分ばかりでなくほかの人にも配慮する。もし、自分が泣きだすとほかの人も泣いてしまうのでないかと思ってしまうのだ。そうなると、さらに悲しくなり、落ち込んでしまうと考えている。つまり、世界が真っ黒な闇となってしまうことを避けようとしているわけだ。

このほかにも、もしも話した相手が泣きだしたら、その人をどのようにして慰めてよいのかが分からないという不安感ももっている。

トラウマ

津波災害後のＢＲＩＳ主催のグループによる支援活動に参加した多くの子どもたちは、悲しみに立ち向かい、それに対処しようと活動したからといってすべてが終わったわけではなかった。彼らの多くは、いくつかの強いトラウマに襲われていたのだ。

トラウマとは、人がある突然の大きな出来事に遭遇し、その体験があまりにも衝撃的で、通常の方法では心の処理や統合（統一）が図れずにフラグメント化した状態のことを言う。そのような体験とは、たとえば自分が死にかけた、ほかの人の死を見た、死にそうなほどの重症者を見た、などである。

これら以外にも、非常に強い無力さを感じた体験もトラウマの原因となる。ある劇的な出来事の場にいて、自分には何もできなかったという状態の体験である。

これらの体験は心の中でフラグメント化してしまい、人は精神的に出来事の全体を包括することができなくなってしまう。あまりにも劇的な体験は人の心を直撃し、分裂・破壊させてしまうのだ。それは、心の奥深くに響くトラウマ的な体験をした感情であり、子どもも大人も、衝撃的な出来事やそれにまつわることの回想を避けようとする感情でもある。

しかし、この体験をどこかに置き去り、見て見ない振りをするようなことがあってはならない。体験をした人の心理が統合されなければ、さまざまな構成部分が分裂したままとなり、何の処理もできなくなってしまうのだ。

とはいえ、出来事の光景や体験の記憶が、あるきっかけで突然に現れてくることがある。それは、夏休みに避暑地の海岸や湖に行ったときとか、映画の一シーンを観たとき、食べ物の臭いを嗅いだときとか、街中に響きわたるサイレンを聞いたときなどに直接結び付いてしまう。たとえば、学校での授業中に、誰かが廊下で叫んだ声に反応して出来事を呼び起こした子どももいた。

体験を回帰したことによって、過去の出来事が不意に受難者を襲うこともある。トラウマのあとの身体は依然として緊張状態や警告体制のままとなっており、それが受難者に大きな疲労感を感じさせることになる。

このように、トラウマというのは継続するものである。もし、トラウマの処理（ケア）や統合がされなかったから、一か月後や一年後ではなく、かなり時間が経ってから襲ってくる場合もあることを忘れてはならない。

トラウマ後によく見られる反応としては、出来事に関する回想がある。体験した惨事に、嫌々ながら何度も繰り返し戻ってしまうのだが、受難者がその繰り返しに慣れようとすると、精神的な意味において大きなエネルギーが必要となる。この繰り返しによって、感情の曝露、脆弱性、恐怖感、後悔などが伴なって睡眠障害へと発展するほか、出来事の光景とともに罪悪感や自己非難が生じてしまう。これらのことが重なって、学校の授業に集中することが非常に難しくなることもある。

そのほかに見られる反応としては、怒り、沈黙、心身的なさまざまな変化、友人関係の変化などが挙げられる。また、トラウマに襲われてしまうと、遊び方にも変化が見られるようになる。たとえば、出来事（出来事の表現）にまつわる真似事を繰り返し行ってしまうのだ。

しかしながら、衝撃的な体験の感情が子どもに宿ったからといって、その処理が必ずしもできないということではない。衝撃な体験の反応が時間とともに消えていき、出来事を頻繁に回想しなくなり、徐々に普通の日常生活に戻っていくというケースが多くの子どもや大人に見られている。

トラウマ的な出来事が人に宿るか否かは、さまざまな状況や要素が起因とされている。出来事の様子、子どもの受け取り方、子どもの年齢、受けた支援の内容、以前からトラウマ的な症状があったか、襲いかかってきそうな危険性、被害の度合い、個人的な性格や能力、そのほか多くの要素が影響してくる。とくに、津波による惨事の場合は、複雑で難しい状況や要素が伴っていたことは言うまでもない。

ケアのプロセス（対応）

子どもでも大人でも、何か大きな出来事、たとえば家族の喪失によってトラウマに突然襲われたとしたら適切な対応が必要となる。そのケアは、個人でもよいし、グループでやってもよい。本書においてはグループで行われた処理法を紹介したわけだが、読まれて分かるように、ある個人がほかの子どもたちから喪失やトラウマについて支援をしてもらう方法である。

グループの仲間と一緒に悲しみが漂う部屋に集まり、同じような体験を分かちあう。集まったからといって無理に話す必要はない、ただ一緒に集まるだけでもよい。グループの仲間になっていくうちにお互いに信頼関係が生まれ、お互いの心の傷に接近していく。そして、お互いが体験した喪失の悲しみを見つめあい、自ら心のドアを開けていく。要するに、喪失が人を崩壊させるのではなく、愛情が人を救ってくれるということを体験するわけである。

このことは、出来事の前後に出会った人々との関係がその出来事自体よりも大きな意味をもつことになる。グループのなかで重要な人間関係が築かれ、同じ出来事を体験したために互いにそれが理解でき、どのような気持ちでいるかがお互いに分かるという身近な関係が生まれてくるのだ。同じようなことを体験したほかの子どもたちと顔を見合わせ、互いの話を聞き、体験を確認しあうことが、決定的な喪失による心のケアに必要とされる支えと安心感を生むことになる。

ケアのプロセスとは、体験したがゆえにネガティブ傾向に陥った状態を変換して立ち上がるまでのことであり、常に継続しているつらさに代わって体験したことを受け入れて、前向きに生きようとすることである。

出来事や喪失を過去の歴史の一つとしてとらえるといった処理プロセスをとらないと、強烈な体験はいつまでも続いてしまうことになる。また、処理をしないと、自己の人生史に結合することができず、将来に向かって生きるための重要な出発点に立つことができなくなってしまう。

このプロセスでは、出来事、喪失、トラウマに連結するさまざまな想い、感情、身体的な反応に見合った方法がとられる。これらのことを表に出させ、考慮され、交じりあって困難を乗り越えていくようにしなければならない。そして、それが理解しやすいコンテキストをつくりだし、言葉や語りの助けが安心した枠のなかで行われることがベストとなる。そこでは、誰かが喪失の話をするたびに古傷をえぐられるような痛みを感じていたつらさを、徐々に減らすことが可能となる。

自分で出来事を統制して、失ったことの意味に正面から向きあい、起きたことの現実を認め、悲惨な出来事を自分の長いライフストリーの一部分にしてしまう。目標となるのは亡くなった家族の人であるが、心の中では自分とともにいるということである。

人は、親、兄弟、姉妹、そのほかの身内の者が死ぬと、その人と一緒にいられる可能性を永久に失ってしまう。その人にとってすごく大切な人が、物理的な世界から永遠に消えてしまったわけだ。しかし、亡くなった人との関係は別の形で継続されていくことになる。

悲しみの処理作業の一つは、亡くなった人との関係を変えることである。もちろん、被災を受けた身近な人がすぐ側にいて、その人を慰めたり、同調したり、アドバイスしたり、支援するといったことではない。難しい作業ではあるが、亡くなった人との内面的な関係を築き上げることである。

これを成功させるためには、逝った人はたしかに亡くなって戻ってこないことを、子どもたちがしっかりと理解できるように支援する必要がある。亡くなった身近な人が内心的には存在していて、その人と向かいあうことができる可能性を子どもに話すことが重要となる。ちなみに、ここで言う子どもとは、それなりの成熟年齢、十代かそれ以上の年齢の子どものことであり、またそのぐらいの年齢でないとこの処理作業は難しい。

現実的には、悲しみやトラウマから完全に解放されることは難しい。グループによる活動に参加したとか、専門家に相談したとか、身近な人から支えてもらったとしても悲しみやトラウマがそう簡単に消えるわけではない。ほとんどの場合、悲しみは人生の長い期間にわたって付きまとうことになる。

しかし、それが生傷から血が流れ出しているような痛みではなく、少なくとも傷跡程度の状態にはなって欲しい。ある人にとっては致命的な出来事であっても、その人の全人生を破壊するものではないという方向に変えるようにして欲しい。それでも、その出来事は常に心の中にあり、その想いを背負って人生をともにすることになる。そして時には、もしあの出来事がなかったら、自分の人生はどうなっていたかなどと考えることもあるということを忘れてはならない。

第Ⅳ部

附　録

◈テーマ
◈練習

テーマ

ここでは、グループによる支援活動におけるテーマの概略を紹介する。私たちのグループによる支援活動には必ずテーマがあり、さまざまな方法で部分的または全体的に取り組んでいった。そのテーマは次のようなものである。

津波が来たとき

・そのとき、あなたは誰とどこにいましたか？
・何があなたに起きたのですか？
・あのときのことを思い出して、そのときに何を思い、何を考え、何を感じたか？
・あなたの体験や想いを紙に書いてみましょう。

そのとき、現在、将来

・今、どのようにして悲しみを抱えながら日常生活を送っていますか？

・どのように、あなたの気持ちは時間とともに変わってきましたか？
・何が変わりましたか？　たとえば、考え、気持ち、家族、体調、友達、学校など。
・何をやっても無意味と思うようになった気持ちをどのようにして正していますか？

悲しみと寂しさ

・悲しみから来る感情と考えの普遍的な反応はどのようなものですか？
・あなたの悲しみやその気持ちはどのように見えますか？　また、どのように表現できますか？
・悲しみは、あなたや家族の人たちの心の中でどの程度のスペースを占めていますか？
・あなたは、どのようにして悼みますか？　それは、大人とどのように違いますか？
・何をして、どのようにすれば悲しみが緩和できますか？　また、あなたをどのように支えればいいのでしょうか？

思い出

・亡くした人の写真を見せてください。
・よい思い出、大切にしまっておきたい思い出、嫌な思い出を話してください。
・亡くなった人に手紙を書いてください。

感情

・感情とは何でしょうか？
・どのような感情がありますか？　また、それはどのようなもので、身体のどこにあるのでしょうか？
・さまざまな状態にいるとき、どのように感じますか？
・つらい気持（感情）を誰と分かちあうことができますか？
・時間が経つにつれ、感情はどのように変化していきましたか？

自己防衛とコミニケーション

・自己防衛とは何でしょうか？　また、なぜそれが必要なのでしょうか？
・あなたは、どのようなことを守りたいのですか？
・あなたの身近にいる人たちのなかで、話をすることができ、支えてくれる人はいますか？　また、それは誰ですか？

家族

・つらい出来事をともに体験した家族の人たちは、どのように変わりましたか？

・どのようなことが変わりましたか？　またそれは、以前と今ではどのように違いますか？
・家族のなかで、子どもと大人の変わり方の大きな違いは何でしょうか？

周り

・あなたの周りには誰がいますか？　親戚、学校や自由時間の友達は？
・あなたが悲しいとき、うれしいとき、怒ったとき、怖いとき、誰の所に行きますか？
・亡くなったあとの、何もない空っぽの気持ちに何かを補うことはできますか？
・友達は何を理解してくれていますか？
・周りにいる人たちは、あなたの悲しみにどのように反応していますか？

自助

・元気になるために、あなた自身はどうすればよいでしょうか？
・嫌な思いをしないようにするためには、あなたはどうすればよいでしょうか？
・気持ちをリラックスするには、どのようなことをすればよいでしょうか？

リーダーに求められる知識と事実

・惨事（カタストロフィー）とは何か（その特徴）。そして、トラウマとなるようなつらい体験をしたらどのような反応が出るのか。
・津波とは何か。地震・地質研究所を見学して説明を受ける。
・ほかの大きな惨事が起きたときはどうであったか。たとえば、エストニア号の沈没（九ページの注を参照）で生き残った人の話を聞く。

練習

これから紹介するのは、グループ活動で実際に行ったことである。訓練名が付いているが、使用法はさまざまであり、ほかの活動にも活用できる。練習内容の子どもたちへの説明は、できるだけ簡単に行う。

①悲しみと寂しさ／会いたさ

自分の悲しみを描く――自分の心にある悲しみを描いてください。それはどのように見えますか？　色は付いていますか？　どのような形ですか？

逝った人のコラージュ――逝ってしまった、あなたが好きだった人が載っている記事や写真から、その人への想いを書いて表現してください。

手紙を書く――逝ってしまった人に手紙を書いてください。惨事であなたがどのような体験をして、それから今日までどのようにしてきたかを書いてください。または、自分の好きなように感じたことを書いてもいいです。それ以外にも、誰か架空の人をつくって、その人宛てに書いてもいいです。

例：「クラスに新入生の女の子が入ってきました。その子は家族の一人を亡くしていました。その子にあなたの体験を話してみてください。あなた自身が一番知りたいことを聞いてみてください」

あなたの悲しみはどのくらい大きいですか？――一枚の紙に三つの円を書いてください。一つは「あのとき」、二つ目は「現在」、三つ目は「将来」を表現します。あなたの、あのときや今の悲しみの大きさを色で埋めてください。そして、将来はどのくらいになっているかについても色を

塗ってください。また、将来はどのくらいの大きさになって欲しいと思っていますか？（参考練習。五四ページを参照）

家族の人たちの悲しみ――あなたの家族の人たちの悲しみはどのくらい大きいでしょうか？　家族一人ひとりの円に色を塗って、悲しみの大きさを表現してください。そして、家族の人たちの思いの違いを見つけてください。（六八ページを参照）

思い出すことを絵にする――出来事に関連してやったことや、その瞬間を思い出すことができる場面を絵にしてみましょう。大波が襲ってきて最後の別れになったときのこと、家に帰ってきた最初の日のこと、一周忌を迎えたときのこと、そのほかたくさんの場面を選んで絵を描いてください。

いろんな方法で思い出してみてください――あなたの亡くなった人の思い出をいろんな方法で描いてください。絵の具でも、ペンでも、鉛筆でもいいです。絵でなくても、何かほかの方法で書いてもいいです。

写真や思い出の物を見せてください――亡くなった家族の写真や物を、グループのみなさんに見せてください。そして、その人やそれにまつわることを話してください。

思い出のガラス瓶――まず、五つの色のチョークと五枚の白い紙を用意します。亡くなった人のもっとも大切な思い出を五つ選んで、それぞれ紙に書きます。次は、その思い出にそれぞれの色を付けます。紙の上に塩をまき、上から色チョークを削り落として塩と混ぜます。それをガラス瓶に順番に入れていき、最後に白い塩でいっぱいにして蓋を閉めます。これを見るたびに、亡くなった人を思い出すことができます。

②感情

感情の顔――さまざまな状況や場面で、あなたはどのように感じていますか？　紙に円を描いて、タイトルを付けてください。タイトルは、「朝起きたときの気持ち」、「学校にいるときの気持ち」、「就寝するときの気持ち」、「逝った人を思ったときの気持ち」などです。サークルに目鼻口を描いて、あなたのその気持ちを表現してください。表現した顔にコメントをするのもいいでしょう。複数のサークルの顔を描き、自分の好きなタイトルを付けるといいでしょう。（八八ページを参照）

感情の内と外――紙皿を用意してください。皿の裏面にはあなたがほかの人に見せられる気持ちを描き、内側面には人に見せることが難しい気持ちを描いてください。あなたには、ほかの人に見せても構わないというなにがしかの気持ちがありますか？　また、今ならほかの人に見せてもよいという何だかの気持ちがありますか？　見せてよいようにするためには、どうしたらよいと思いますか?

感情の居場所——白い紙に、二つのあなたの身体を描いてください。その一つに、あなたの感情がどこにあるのか、それはどんな色をしているのか、どんな形なのかを描き込んでください。そして、もう一つには、逝った人を思うときの気持ちを同じように描いてください。

感情のグラフ——気持ちの変化を表す図表をつくってみてください。横線は時間(日月)で、縦線は、たとえば「最低」、「まあまあ」、「最高」などといった気持ちの変化です。あなたの気持ちは、あの出来事から今までどのように変わってきましたか? 上がったり下がったりしましたか?(九二ページを参照)

自分でやること——自分でがんばってやったことを描いてみてください。また、自分自身でやって気持ちがよかったことを描いてください。

氷山——氷山を描いてください。氷山が水面から出ている部分には誰にでも分かるあなたの気持ち(感情)を描き、水面の下の見えない部分には、自分にしか分からないことを描いてください。そして、あなたが変えていきたいと思うことや、そのためにはどうしたらよいかを考えてみてください。

気持ち(感情)の風船——あなたが学校で自分の気持ちをはっきりと表に出せない理由を考えてください。そして、その気持ちを風船に思いっきり吹き込んでください。そして、学校の授業中を想像して、あなたの気持ちがいっぱい入って膨らんでいる風船をお尻に敷いて、破裂しないようにゆっくりと腰を下ろしてください。気持ちの風船が破裂したり、空気漏れがしないように気を付けて座ることによって、授業に集中できるはずです。

気持ちの分類箱――靴の空箱を用意してください。鉛筆や絵具で、箱の外側には外に出してもよい自分の気持ちを、心の中にあるものは箱の内側に書いて、小物のボタン、石、パイプクリナー、ビンの蓋など好きなものは箱の中に入れ、嫌いなものは箱の外に分けて気持ちの分類をしてください。

アソシエーション（連想）――紙にあなたの気持ちを書いてみてください。うれしいこと、悲しいこと、嫌なこと、つらいこと、怖しいことを連想しながら書いてください。

気持ち（感情）のカードゲーム――リーダーが用意したさまざまな気持ちが書いてあるカードを、グループのみんながいる前で一枚引きます。カードには、たとえば次のようなことが書いてあります。

・私がうれしいと思ったことは……
・私が嫌だと思ったことは……
・私が悔しいと思ったことは……

亡くなった人のモノローグ――リーダーが、新聞などから惨事で亡くなった人の写真を用意します。その亡くなった人は何かを言おうとしています。その人は何を言いたいのかを想像して（考えて）、モノローグを書いてください。

よく考える三つのこと——三つのことをよく考えてみてください。たとえば、以下のようなことです。

・津波で体験したことや感じたことに関して。
・身近な人が逝ってしまったことに関して。
・自分を喜ばしてくれることに関して。

ベア・カード（bear cards）とストーン・カード（stone cards）——四八種類の表現をした熊のキャラクターカード（カラー）と、五二枚の気持ちを表現したカラーストーンのカードを用意してください。そのなかから、あなたの気持ちにあった熊のカードか石のカードを選んでください（カードについては www.mareld.se を参照）。

③環境

コミニケーション・マップ——自分を象徴する丸を描いてください。あなたの身近な人やペットのリングを描き、あなたの丸と線で結んでください。自分の思うままの表現で線を描いて結んで

くださ い。たとえば、親密な人との結びは太い線で、そうでもない人やペットとは細い線で表現してください。色を使ってもよいでしょう。あの人と一番話をしてみたい、何を話して、どのようにしてなど、あなたの思う気持ちをいろいろな方法で表現してみてください。

ネットワーク図――自分を象徴する大きな丸を紙の真ん中に描いてください。その丸を五等分して、家族、親戚、学校、自由時間と友達、そのほかのことに区別してください。その五つの分野が、お互いにどのような関係をもっているかを考えてみてください。どのようにあなたに関係してくるのか、また支えになっているのかの関係を考えてみてください。

家族の人たち――自分の家族の人たちの似顔絵を描いて、ハサミで切り抜いてください。黒い大きな紙を用意して、その上に切り抜いた家族の人たちの似顔絵を動かして置き、あのときの想い、今の気持ち、そして、将来にのぞむ心の関係を考えて表現してください。

変化のサークル――リーダーが大きな画用紙に四つの大きな円を描きます。これらの円は、気持ち（感情）、家族、身体、学校と自由時間の四つを象徴しています。その各円の中に、それぞれが思うことを書き込みます。書き終わったら、お互いに何を書いたのか見比べます。同じ気持ちがありましたか？　よいこと、楽しいこと、嫌なこと、そして何か変えていきたいと思ったことはありましたか？

④そのほかの練習

インタビュー——二人が向かいあってインタビューをしあい、その話の内容をグループのほかの人にも聞いてもらいましょう。質問事項は前もって用意しておきますが、自由に自分の考えた質問をします。たとえば、以下のようなことで話を進めていきましょう。

・私が住んでいる所は……
・私が行っている学校は……
・放課後の自由時間で好きなことは……
・私がグループ活動に参加した理由は……

話の結論——活動の終わりには結論を出しましょう。たとえば以下のようにです。

・私がなぜこの活動に参加したかの理由……
・私の気持ちが晴れるときは……
・私が悲しくなったときにやりたいことは……
・今日、グループでやったことは……

すごくよかったことと嫌だったこと——すぎた一週間を振り返って、あなたがすごくよかったと感じたことや嫌だったことを話してください。これは毎回のミーティングの休憩などのときにするように、スケジュールのなかに入れておいてください。

次回のミーティングに向けて——次のミーティングに希望することや、何か質問はないかを聞きます。

質問——次の事項から自分に当てはまるものを選んでください。

・私は、よく嫌な夢（悪夢）を見ます。
・私は、一人でいたくないです。
・今日の学校給食はおいしかったです。
・私は、朝起きたときの気分がよいです。
・私は、友達といるときがいつも楽しいです。
・私は、音楽を聴くのが好きです。
・私は、今日、逝ってしまった人のことを考えませんでした。

どのくらい合ってますか、合ってないですか?——あなたにいろいろの質問をしますが、その質問のうちどのくらい合っていますか、または合っていないかを点数にして紙に書いてください。

そうです（Yes）、**そうでない**（No）——床にカラーテープを長く貼り、片方は「Yes」、もう一方は「No」にして、リーダーの質問に対して適当と思うほうに立ちます。

似ている、似ていない——子どもたちは丸い輪になって椅子に座ります。リーダーがさまざまな質問をし、その質問が自分にも似ていると思ったときは立ち上がります。

ノートの整理――グループ活動を記入したノートを整理して、振り返ってみます。その例として以下のようなものがあります。

・どのような気持ち（感情）がありますか？

・家族とは何ですか？

・惨事のことをどのようなときに思い出しますか？

・家族の人が亡くなってしまって一番変わったことは何ですか？

秘密の箱――今日のグループ活動で思ったことをメモ用紙に書いて、秘密の箱に入れてください。リーダーが匿名でみんなのメモを読み上げます。

将来への希望――何かの行事、たとえば一周忌、葬儀、夏休みを前にして将来を思うことです。

・私がやりたいことは……

・私が思うことは……

・私が必要なのは……

・私がやるべきことは……

・私が望むことは……

思い出のひととき――キャンドルに火を灯し、音楽を流して、テキストを聴きながら逝った人を思い出してみます。

希望のサークル――グループの子どもたち一人ひとりがキャンドルを手に持ち、サークルをつくります。一人がキャンドルに火を灯し、自分の強く望んでいることを一つ、グループのみんなに望んでいることを一つ、大きな声でも低い声でもいいから言います。次の人のキャンドルに火を移して、みんなが同じように望みを順番に言っていきます。

⑤遊び

お話カードゲーム――グループの子どもたちが円になって座り、全員が「お話カード」を引きます。まず、一人が引いたカードの絵のモチーフから自分の話をつくり、その話を次の人が引き継ぎ、また次へ回して一つの物語をつくります（お話カードについては www.sama.se を参照）。

あなたが知らなかったこと――あなた自身の特徴ある三つの性格をグループの友達に言ってください。その二つは正しいことを言い、一つは嘘とします。友達は、どれが正しいか、嘘なのかを当てます。グループ分けをして、どのグループが一番当てるのかを競ってみましょう。

マッチゲーム――二人が背中あわせに座り、一人が五本のマッチ棒で何かの形をつくり、背中あわせの人に何であるかのヒントを言います。背中あわせの相手は、そのヒントを聞きながら五本のマッチ棒で形をつくっていきます。

投げあいゲーム――小さな袋に豆や米を入れてボールをつくり、サークルになって立っている友達に向けて投げあいます。そして、投げる相手の名前を呼びます。徐々に、投げるスピードを速めていきます。

風船ゲーム――膨らませた風船を足首に糸で縛ってください。みんなでその風船を踏み割る遊びです。自分の風船が踏まれないようにして、ほかの人の風船を踏み割ってください。

訳者あとがき

二〇一一年三月一一日に起きた東日本大震災による津波の報道は、私が住んでいる北欧のスウェーデンでも、連日のようにテレビ、ラジオ、新聞などで報道された。それらを見た人々は、あの類を見ない大惨事に恐怖から来る身震いと被災者への深い同情を表した。そして、スウェーデン人の心を打ったのが、とてつもない打撃を受けた東北の人たちの現実を冷静に受け止め、前に向かって生きようとする日本人の姿勢であった。

スウェーデン各地でも追悼ミサや支援のための募金活動が行われたわけだが、遠く離れた他国の出来事に、スウェーデン人たちがこれほどまでに自ら行動を起こしたことは珍しい。復興に対する関心はもちろんであるが、日本の原子力政策の今後の成り行きにも深い関心を寄せていると言える。

大惨事から一年半ほど経ったとき私は、津波で母親が行方不明になっている小学校五年生の一人娘と、その父親の苦闘の日々を記録したNHKテレビのドキュメンタリー番組（二〇一三年八月三〇日放映、明日に向けて駆ける～父と娘の相馬野馬追）を見た。苦闘といっても、泣き叫ぶ姿を追ったものではない。残された父と娘が、お互いの気持ちを察しあい、支えあって、母親が好きだった地元の馬追祭りの参加を決め、その日までの二か月間にわたる日常生活を追ったものであった。

父親が心配していたことは、津波に遭ってからというもの、娘が涙を見せないことであった。母親を恋しがっているはずの娘は、少なくとも人前では泣いたことがないという。いや、ひょっとしたら、泣けなかったのかもしれない。

津波で流された住居の跡に行っても、この子どもは涙を見せなかった。父親と接するときにも悲しみの表情は見せず、何となくぎこちない喜びの表情を見せていた。父親の悲しみを察した、少女の配慮がそうさせたのだろうか。しかし父親は、当然のごとく、なぜ娘が声を出して思い切り母親を恋しがらないのだろうかと心配する……。

このドキュメンタリー、これ以上については触れることなく終了した。番組のテーマが、亡くなった母のために、父娘の絆で目的を達成しようとすることにあったためであろうが、私には何かすっきりとしない気持ちが残った。それは、この女の子が思い切って泣けないほどの深い悲しみに対するケアはいったいどうするのだろうかという疑問である。

東日本を襲った大津波で、親、兄弟、姉妹などを亡くした子どもたちは大勢いる。そして、この少女のように、その悲しみを胸の内に秘めている子どもたちがたくさんいるだろう。心の傷を抱えたままの状態では、その後の子どもの成長に大いなる支障を来すことはまちがいない。私は、津波被害に関する「子どもの心のケア」というキーワードを打ち込み、インターネットで検索をしてみた。ディスプレイに表示される情報のほとんどが、物的な復興や学習支援に関することであった。スクロールを繰り返していると、『津波による子どもの悲しみとトラウマの支援グループ』という本がスウェーデンで刊行されていることを知った。つまり、今回翻訳出版した本書である。

二〇〇五年一二月二六日、スマトラ島沖で大地震が起き、タイ、インドネシア、マレーシアなどの東南アジア諸国の沿岸地帯で大津波が発生し、約二二万人という記録的な死亡・行方不明者が出た。この地域にクリスマス休暇で来ていたスウェーデン人が約二万人おり、このうちタイのプーケット海岸で五四三名が亡くなっているのだが、その多くが家族連れで訪れていた子どもや親であった。のちに、スウェーデン中の教会で追悼ミサが行われ、被災者の家庭には牧師や心理カウンセラーが頻繁に訪れた。

スウェーデンでは、地震や台風といった自然災害はないに等しいわけだが、交通事故や火災による被害者への対応のために牧師や自治体の心理カウンセラーが常に待機しており、精神面におけるケア体制が整っている。しかし、このときは、そのケア体制では間に合わないほど多くのスウェーデン人の命が奪われてしまった。

スウェーデンには、児童の人権を擁護する目的で活動をしているＮＧＯ団体がいくつかある。

そのなかで、もっとも大きい組織の一つがＢＲＩＳ（Barnens Rätt i Samhälle：社会の児童権利の会）である。本文でも紹介したように、ＢＲＩＳはストックホルム市に本部、地方に五つの支部をもち、そこには心理カウンセラーやソーシャルワカーが配置されている。子どもはもちろん、親のさまざまな悩みの相談窓口となっているが、一年間の相談件数は約三万件にも上っている。そのほかにも、児童の人権擁護に関連する（心のケアも含む）研修会や講習会を定期的に主催している。

ＢＲＩＳは、スマトラ島沖の津波被災者の家族に対する精神面の相談窓口としてさまざまな活動を開始したわけだが、その一つが、本書で示した政府との緊急会合で決まったグループによる支援活動である。同じ年齢の児童五〜七名を一組としたグループが三都市に七組ができた。集まった児童のすべてがプーケット島での津波を体験しており、家族の誰かを亡くしたという共通点をもっていた。

同様の体験をし、似たような悲しみや心の苦しみをもつ子どもたちが、同じ場所でお互いの想いを打ち明けて、自らの悲しみや悩みに真正面からぶつかっていこうとする試みであった。そして最終的には、抱えている悲しみや後悔などと子どもたちが「和解」して欲しいという願いがＢＲＩＳにはあった。

スウェーデンには、「悲しみとの和解」という表現がある。これは、「悲しみを乗り越える」とか「悲しみを忘れよう」というニュアンスとは少し違う。和解とは、悲しみの連鎖を断ち切って悲しみと仲良くなり、それを契機に前へ進もうという精神面のステップとなるものである。言ってみれば、悲しみに勝つことも、忘れる必要もなく、それはそれで心の中に大切にとっておこうという考え方である。

本書は、グループ・リーダーの一人が日記風にまとめた活動内容と、ケア理論およびその方法という内容で構成されている。対象となったのは、子どもから大人に向かう狭間とも言える年齢、一五〜一八歳の思春期の子どもたちである。子どもたちは、子どもとして行動すべきか、大人として行動すべきかと迷っているのだが、その相談相手を亡くしていた。

グループによる支援活動を重ねることで、子どもたちの悲しみ、悩み、不安などがいっぱい溜まっている心の窓が少しずつ開いてゆく様子がうかがえる。子どもたちは体験したことを徐々に受け入れだし、活動の終わりころには、参加した子どもたちの最終的な目的である悲しみとの和解が見えだし、前向きに生きていこうとする姿勢がうかがえるようになった。

本書を訳しながら私は、前述したＮＨＫのドキュメンタリー番組に映し出されていた少女を思い出していた。涙を見せない彼女に必要なのは、胸の中に溜まっている悲しみを思い切って外に出し、スウェーデンでいうところの「悲しみとの和解」が必要ではないかと思ったわけである。

マスコミにはあまり登場しないが、東北の被災地には悲しみに浸っている子どもたちが大勢いるはずである。地震の多い日本であるからこそ、物質的な支援だけでなく、精神的な支援体制も整える必要がある。本書で紹介した「グループによる支援活動」という試みは、日本でも有効な方法ではないかと思っている。子どものケアに携わる人たちはもちろん、自治体の職員、教育関係者にぜひ広く読んでいただきたいし、その体制づくりに努力していただきたいと思っている。またそれが、本書を翻訳しようと思った私の理由でもある。

最後になりますが、本書の出版にあたり、発行元となった新評論を紹介いただきましたスウェーデンの介護政策に詳しい西下彰俊氏（東京経済大学教授）と、冒頭に掲載した解説文を書いていただきました平田修三氏に、この場をお借りして御礼を申し上げます。そして、出版を快く引き受けていただきました株式会社新評論の武市一幸氏に深く感謝を致します。

二〇一四年　四月

谷沢英夫

訳者紹介

谷沢英夫（たにさわ・ひでお）

1943年生まれ。

1973年、ストックホルム大学社会科学部卒業。

1974～2008年、遊園地、保育園・幼稚園の園庭に設置される遊具設備に関するコンサルタント業に従事。

2011年、早稲田大学大学院人間科学研究科博士前期課程修了。

現在、早稲田大学人間総合研究センター招聘研究員。

著書として、『スウェーデンの少子化対策』（日本評論社、2012年）がある。

解説者紹介

平田修三（ひらた・しゅうぞう）
1984年生まれ。早稲田大学人間科学研究科博士課程在学中。専門は発達心理学、児童福祉。2011年の東日本大震災以降、所属する研究室の指導教員や院生たちと一緒に、関東への避難者の調査・支援活動を行っている。
震災調査・支援に関連する著書に『東日本大震災と人間科学① ガジュマル的支援のすすめ――人ひとりのこころに寄り添う』（共著、早稲田大学出版部、2013年）がある。

子どもの悲しみとトラウマ
――津波被害後に行われたグループによる支援活動――

2014年6月10日　初版第1刷発行

訳　者　谷　沢　英　夫
発行者　武　市　一　幸

発行所　株式会社　新　評　論

〒169-0051
東京都新宿区西早稲田3-16-28
http://www.shinhyoron.co.jp

電話　03(3202)7391
FAX　03(3202)5832
振替・00160-1-113487

落丁・乱丁はお取り替えします。

定価はカバーに表示してあります。

印刷　フ ォ レ ス ト
製本　中 永 製 本 所
装丁　山 田 英 春

Printed in Japan
ISBN978-4-7948-0972-8